汉语知识丛书

语汇答问

温端政　著

商務印書館
创于1897 The Commercial Press
2018年·北京

图书在版编目(CIP)数据

语汇答问/温端政著.—北京:商务印书馆,2018
(汉语知识丛书)
ISBN 978-7-100-16378-1

Ⅰ.①语…　Ⅱ.①温…　Ⅲ.①汉语—词汇—问题解答　Ⅳ.①H13-44

中国版本图书馆CIP数据核字(2018)第160068号

汉语知识丛书
YǓHUÌDÁWÈN
语汇答问
温端政 著

商务印书馆出版
(北京王府井大街36号 邮政编码100710)
商务印书馆发行
北京新华印刷有限公司印刷
ISBN 978-7-100-16378-1

2018年10月第1版　　开本787×1092 1/32
2018年10月北京第1次印刷　　印张5⅝

定价:16.00元

目　录

序

2000年，为了纪念王力先生百年诞辰，我和沈慧云研究员合写了《“龙虫并雕”和“语”的研究》一文（载《语文研究》2000年第4期）；2002年5月，在石家庄举行的第四届全国汉语词汇学学术研究讨会上，我宣读了《论语词分立》一文（载《辞书研究》2002年第6期）；2005年1月，商务印书馆出版了拙著《汉语语汇学》；2006年9月，商务印书馆出版了我主编的《汉语语汇学教程》。后来又发表了《论字典、词典、语典三分》一文（载《辞书研究》2014年第2期）。2009年10月和2014年1月，商务印书馆先后出版了我和朔彬合著的《汉语语汇研究史》和《语典编纂的理论与实践》。这些论著，在学界产生了一定的影响。

2007年开始，每两年举行一届全国性的语汇学学术研讨会。2007年、2009年、2011年、2013年、2015年、2017年，先后在山西太原、浙江温州、浙江杭州、内蒙古呼和浩特、山西长治、甘肃天水举办了第一至六届全国汉语语汇学学术研讨会，交流论文402篇，对“语”“语汇”“语汇学”，以及相关的问题展开了热烈的讨论。每届研讨会之后，由商务印书馆出版论文集。有的报刊也刊载文章进行讨论。其热烈的程度，是近年来我国语言学界所不多见的。

参加讨论的文章中，多数对“语词分立”“字典、词典、语典三分”的新主张表示赞同，对汉语语汇学的建立表示肯定，对汉语语汇学的发展、完善和繁荣，以及“语词学”“语典学”的建立充满期待。与此同时，也有一些学者撰文对此提出质疑或发表不同意见。

正如青岛大学师范学院李行杰教授在《语词分立势在必行》（温端政、吴建生主编《汉语语汇学研究》，商务印书馆，2009，33—41页）一文中所指出的：

> 一种新理论或新主张出现之后，应当有支持，有质疑，有反对，有补充。支持的意见固然十分重要，但是，反对和批评的意见更有价值。当今之计，最需要反对的意见，有反对的意见才会有争论，而科学是在争论中产生和发展的。反对的意见，首先可以考验新理论、新主张是否经得住检验，特别是事实的检验。如果经受不住事实的检验，倡导者不能说服反对者，那么，这种新学说新主张可能就是伪科学。其次，反对的意见可以促使新主张的提倡者深入研究和思考，从而修正和完善自己的主张，所谓去伪存真者即此。再次，反对的意见可以促使更多的人关注或参与研究和讨论新主张，这可能会带来两种结果：其一，是使研究更深入，从而使学说或主张更趋完善，或者暴露出更多的缺陷甚至错误，因而被否定。其二，在大规模的讨论中，新理论新主张得到绝大多数人的认同，形成广泛的群众基础，从而正式成为一门新的科学。

这些年来，正是不同意见的交流、讨论，促进了语和语汇的研究，推动了语汇学的发展和繁荣。

1985年，商务印书馆出版的朱德熙先生《语法答问》，采用客问主答的方式，讨论了“汉语语法的特点”“词类”“主语和宾语""定语、状语、补语和连动式、兼语式""中心词分析和层次分析""汉语语法体系""形式和意义"等七个方面的问题。虽然篇幅不大，但论述精到，产生了很大的影响。

本人不惜"东施效颦"，想效仿朱先生的做法，回答同行提出的一些问题。不过不用客问主答的方式，而是采用先简述有关方面的背景，然后针对一些学者提出的问题进行回答的方式。内容涉及"语""语汇""语汇学"以及相关的种种问题，核心还是"语汇"问题，故名之为《语汇答问》。

朱先生在《语法答问》日译本序里曾引用成语"先入为主"，意在说明旧有的观念的力量是很大的，要冲破旧的观念，必然会遇到阻力。需要的不仅是勇气，更重要的是理智。我们认为，语言事实是最高的权威。一种新的观念，能否冲破旧的观念，主要是看这种新的观念是否有事实依据，是否经受得住事实的检验。只要能经受得住事实的检验，新的观念迟早会被接受的。

作者 2017.10.1

壹　关于“语词分立”说

在我和沈慧云研究员合写的《“龙虫并雕”和“语”的研究》一文里，探讨了两个问题：“语”是不是“词的等价物”，“语”自身是不是一个系统。文章认为：“‘语’在性质和作用上都不相当于一个词，‘语’不是词的等价物。‘语’不属于‘词汇单位’。”文章认为，语汇和词汇一样具有系统性，建议建立与词汇学平行的语汇学。

在《论语词分立》一文里，提出“语词分立”的基本含义是：

1. 给词、语，特别是给“语”下一个确切的定义，明确它的范围；

2. 确认“语”和“词”是两种性质不同的语言单位，把“语”从“词汇”里分立出来，把“词”从“语汇”里分立出来；

3. 明确“词汇”和“语汇”的定义，确认词汇具有系统性，语汇也具有系统性。

文章认为，“语词分立”的意义是：

1. 在理论上避免了许多过去纠缠不清的问题，有利于建立汉语语、词研究的科学体系。

2. 有利于加强“语”的研究和教学。

3. 有利于语、词类辞书的编纂。

【问题 1】“语词分立”是否能成立。

有的学者撰文提出这样的问题：“语”、“词”当分当合？分合各自的理由为何？认为“语词分立”的理由不能成立。文章称：

> 温端政、沈慧云（2000）提出，“‘语’在性质和作用上都不相当于词，‘语’不是词的等价物。‘语’不属于‘词汇单位’。”理由有四：“第一，‘语’是由词和词组合而成的，是大于词的语言单位。”“第二，语的意义和词的意义虽然都具有‘整体性’，但有着不同的特点和性质。”“第三，比起‘词’来，‘语’的固定性是相对的。”“第四，‘语’和‘词’一样，是现成的语言材料，都不是说话的人在交际时临时造出来的。但是它们的语法功能却不完全一样。”该文据此结论：“以上四个方面，足以说明，‘语’不论在构成形式上和语义表达上，以及语用功能上，都与‘词’有着很大的不同。如果说‘词是语言里最小的、有意义的、能自由运用的单位’，那么‘语’则是‘语言里大于词的、结构相对固定的、具有多种功能的叙述性单位’。‘语’是‘词的等价物’、‘语’的性质和作用‘相当于一个词’等说法，经不住语言事实的检验。”逐一审视该文所提四条理由：第一条，“‘语’是由词和词组合而成的，是大于词的语言单位”。语，若看其直接构成成分，有词，有语素，还有由词等组成的组合体，情况不可一概而论。从词长上说，语当然是大于词的，但这似乎不构成语不属于词汇单位的理由。第二条，该文承认“语的意义和词的意义都具有‘整体性’”，但认为它们各自“有着不同的特点和性质”。笔者以为：相对于没有“整体性”的自由短语而言，词和语

的“整体性”恰是它们同质性的根本所在。正因此，词、语的关系才被拉近，作为一个整体的词语才与自由短语的距离被拉开。第三条，“比起‘词’，‘语’的固定性是相对的”。此点似也不好一概而论，须看怎样的词，什么样的语。比如离合词，其固定性反比不上成语。第四条，“‘语’和‘词’一样，是现成的语言材料，都不是说话的人在交际时临时造出来的。但是它们的语法功能却不完全一样”。这一点说得极是。汉语的词有很丰富的语法属性，比如《现代汉语词典》、《现代汉语规范词典》都列出了12个词类。语肯定没有如此复杂的语法属性——成语常见的是名、动、形这三类；而歇后语，大概连这三类都分析不出来。其实，两位先生所提出的四条，都只能证明：与其他一些语言单位相比，词和语因同为语言建筑材料这一点而具有无法否定的共性，两者当合而不当分。[①]

【回答】

“语词分立”说，或者说“语词分立”的主张，是在比较“语”“词”性质的异同，并立足于“异”的方面基础上提出来的。语、词之“异”，可以从两个层面来看：一个层面是语、词之间的“全覆盖”的“异”；另一个层面是语、词之间“交叉性”的“异”。

“全覆盖”的“异”，是指这种“异”适用于全部的“语”和“词”；“交叉性”的“异”，是指这种“异”不覆盖全部“语”和“词”，而是带有某种错综复杂的情况。

---

① 见周荐《语词分合问题引发的若干思考》(《世界汉语教学》2014年4期)。

语、词之间“全覆盖”的“异”主要表现在以下三个方面：

一、从形式上看，“词”是最小的语言单位，而“语”则是大于词的语言单位。[①]

说“语”是大于词的语言单位，这是“语”在形式上区别于“词”的重要不同点，同“词长”是两个不同的概念，不能混为一谈。有的“语”很短，如“碰钉子”只有三个字，而相当于词的单位名称“中国社会科学院语言研究所方言研究室”却有十七个字。

“语”和“词”形式上的这种不同，也可以用语词生成的先后层次不同来解释。李如龙(2009)曾说：“在生成的顺序上，很明显，‘词’的生成是原生的，‘语’则是利用词的组合再次合成的，也可以说是再生的。”

这说明“语”和“词”在形式上的差异，是非常明显的。

二、从意义上看，词义和语义具有不同的特点和性质。简单地说，词义具有概念性，语义则具有叙述性。

我们在谈到这个问题时，曾经这样表述：“对于词，特别是实词来说，虽然概念不是词义的唯一成分，但概念是词义的最重要的成分。概念性是词义的基本特征，而语义的基本特征是它的叙述性。”(见《汉语语汇学》，商务印书馆，2005，11页)现在看来，这个表述并无不妥。

说“词义具有概念性”有两层意思：一层是词义和概念有

---

① “语”是大于词的单位，也可说“语”是由词和词组合成的单位。不过说“语”是大于词的单位，似乎更严密，因为有少数语，特别是成语，构成成分有的古代是词而现代不成词，如“瑕不掩瑜”“瑕瑜互见”里的“瑕”和“瑜”，《现代汉语词典》第5、6、7版都没有标明词类。

密切的联系,另一层意思是词义不等于概念。北京大学中国语言文学系语言学教研室编的《语言学基础》谈到这个问题时称:"广义地说,词义就是概念。严格地说,词义和概念有密切的联系,但又不等于概念。"(高等教育出版社,1959,63页)

语义则不同,"语"不是概念性而是叙述性的语言单位。(见《汉语语汇学》,商务印书馆,2005,11页)语义"主要表现了使用该语言的人群对客观事物的种种描写和表述,在描写和表述中掺入了更多对事物的主观认识甚至加上不同程度的渲染,此外还有对各种观念的分析和论断……惯用语主要是说明某种现象和状态;成语主要是对客观现象、状态和事理的概括、描状和说明;谚语主要是对自然与社会现象的总结、叙述和论断;歇后语主要也是描述生活中常见的现象"。(见李如龙《语汇学三论》,《汉语语汇学研究》,商务印书馆,2009,15页)这是对语义的叙述性的具体表述。

语义的"叙述性"和词义的"概念性",这是"语"和"词"在意义上的原则性区别,是不能因语义和词义都具有"整体性"而被抹杀的。

三、从结构上看,"语"的固定性是相对的,而"词"的结构是固定的。

说"语"的结构是相对固定的,有两层意思:一是指语的结构有固定的一面,一是指语的结构有灵活的一面。有的语结构比较固定,如"实事求是""病入膏肓""拨乱反正"等成语,"众人拾柴火焰高""远亲不如近邻""吃一堑,长一智"等谚语,"走后门""唱对台戏""不管三七二十一"等惯用语,结构都比较固定。但不可否认,有许多语存在变体,而且这种变体,不单纯是书写形式的不同，而是语素或语素次序的不同。如成语“不值一钱”，也作“不值一文”“一钱不值”“一文不值”（见《新华成语词典》，商务印书馆，2002，84 页）。谚语“打人休打脸，骂人休揭短”，也作“打人别打脸，骂人别揭短”“打人莫打脸，讲话莫揭短”“骂人别揭短，打人别打脸”（见《新华谚语词典》，商务印书馆，2005，61—62 页）。惯用语“刀对刀，枪对枪”，也作“刀对刀来枪对枪”“枪对枪，刀对刀”（见《新华惯用语词典》，商务印书馆，2007，92 页）。歇后语“八仙过海——各显神通”，也作“八仙过海——各使神通”“八仙过海——各显其能”“八仙过海——各显身手”“八仙过海——各显各的本领”（见《新华歇后语词典》，商务印书馆，2008，7 页）。这种变体，有人主张加以规范，但多数人认为不能规范，或者只能“软规范”。

说“词”的结构是固定的，这是就总体而言，有的词也有变体，如：“过分”也作“过份”，“叮当”也作“丁当”“玎珰”，不过它们只是书写形式的不同，语音是相同的。词的这种变体是可以而且应当加以规范的。至于“离合词”，下面另作讨论。

“语”和“词”之间“交叉性”的“异”，涉及的是词和语的语法功能问题。这种“交叉性”的“异”，有的是量上的问题，但也不排除含有某种“质”的成分。它不是语、词之间主要的“异”，而只是语、词之间的“异”的补充。

正是基于语、词之间在性质上有“异”的一面，特别是有“全覆盖”的“异”的一面，我们才提出“语词分立”的主张。

【问题 2】“语、词”之间只存在“细微”的差别,“语、词”不能分立。

有的学者撰文称:

> 我们应该承认“语”和“词”这不同的语言单位之间既在一些细微之处存在差异又在根本的原则问题上相互一致,彼此交融渗透,并无根本上的大异。不可因为语和词之间一小部分的“异”而过分夸大二者的区别,忽略它们大部分的“同”。①

【回答】

认为“语”和“词”的“差异”只表现在“一些细微之处”,认为“语词分立”是“过分夸大”了“语和词之间一小部分的‘异’”。这种说法,显然是站不住脚的。

“语”“词”之间的“异”是客观存在,无须人为地去“夸大”。上面所叙述的语、词之间在性质上的“异”,特别是“全覆盖”的“异”,足以说明,“语”“词”之间的“异”绝不是“细微”的。

李如龙在《语汇学三论》(温端政、吴建生主编《汉语语汇学研究》,商务印书馆,2009,11—21 页;《汉语词汇学论文集》,厦门大学出版社,2011,172—180 页)一文里,从语音、语法、语义、语源等四个方面“考察”了“词”和“语”的区别,称:

第一,在语音方面,两个音节组成一个音步,都是“韵律词”(prosodic word)。汉语的音步组成的基本规则是:(1)两个音节、三个音节都组成一个独立的音步;(2)四音节以上的组合都按 2+2、2+3、2+2+3 等方式划分音步。“语”是两个

① 见刘静静《也谈“语词分立”》(《辞书研究》2011 年 6 期)。

词以上的单位组成的，三音节的惯用语和三音词都是一个超音步的单位。但是，在三音词的超音步之中，音节之间是不能有语音间断的。例如：加拿大、墨西哥、数理化、工农兵、落花生、潜水艇、机关枪、红小鬼、总经理。而三音节的惯用语的两个词之间，则没有三音词结合得那么紧，常常可以插入其他成分，成为离合词，例如：泡蘑菇——泡什么蘑菇、开后门——开给谁后门、半瓶醋——半瓶子醋、直肠子——直直的肠子。四音节以上的成语、谚语、歇后语都是由两个以上的音步组成的，和一个音步的韵律词有"鲜明的差异"。

第二，在语法方面，"词"和"语"也是明显不同的，"语"由"词"构成，"词"的层次简单，从结构说，只有单音词、双音词、多音词。但是从语法类别说，"词"却是十分复杂的，有虚、实的各种词类，每一个词类还可以分出几个不同层次的小类。而对于"语"来说，情况正好相反，结构层次比词多，而其语法属性（词性）则比词简单。从词性说，"语"只有实的没有虚的，各类的"语"大多属于谓词性短语（VP），只有少数是体词性的（NP）。

第三，在语义方面，词和语有着更加明显的差异。词义是人们约定的对客观事物的指称。"语"的意义则主要表现了使用该语言的人群对客观事物的种种描写和表述，在描写和表述中掺入了更多对事物的主观认识甚至加上不同程度的强调、夸张或渲染，此外还有对各种观念的分析和论断。如果说"词"的意义的主要特征是单纯性和指称性，那么，"语"的意义的主要特征则是它的综合性和表述性。例如：惯用语主要是说明某种现象和状态；成语主要是对客观现象、状态和事理的概括、描状和说明；谚语主要是对自然与社会现象的认知、理解的经验的概括、叙述和论断；歇后语则主要是对生活中常见现象的诙谐的描述。

词由字组成，不少词的意义是所含的词素义的相加。而语的字面意义和所表达的意义常常是不一致的，总要经过引申、比喻或者有所转移。例如走后门，过河拆桥，画蛇添足，水至清则无鱼，擀面杖吹火——一窍不通。然而，一个“词”往往有多个义项、多种表达方式，“语”则义项少、表达方式也不太多样，这也是词和语在语义上的重要差异。

第四，在语源方面，如果把语词的生成的先后层次也看成是不同语源的差异的话，词和语在这方面的差异就更加明显了。在生成的先后顺序上，“词”的生成显然是原生的，“语”则是利用词的组合再次合成的，也可以说是再生的。

李文所阐述的语、词之间四个方面的“异”，和我们前面所说的语、词之间“全覆盖”和“交叉性”的“异”，基本上是一致的，是互为补充的。

黄忠廉在《创立语汇学有学理支撑》(《中国社会科学报》2011年3月8日)一文里，也认为语和词相比较“极具特色”，表现在：第一，语比词结构复杂，由后者构成；第二，语比词(离合词除外)更具可拆分性，或整或散，灵活使用；第三，语具有转引性，常被整体引用作为证据或评价；第四，词具概念性，语则具有……叙述性；第五，语比词更具成句功能；第六，语比词更能“富(负)载”文化信息，等等。

上述这些论述，清楚表明语、词之间只在“一些细微之处存在差异”的说法是缺乏说服力的。

语、词之间的差异，还可以从语、词的不同定义看出来。

关于“词”的定义，有很多说法。王力把词定义为“语言的最小的意义单位”(见《中国现代语法》(上),17页),吕叔湘把词定义为“语言的最小的独立运用的意义单位”(见《语法学习》,2页),朱德熙把词定义为“最小的能够独立活动的有意义的语言成分”(见《语法讲义》,11页)。此外,还有其他种种说法,如:

“词是一种形式和内容统一起来的语言最小单位。”(孙常叙《汉语语汇》,吉林人民出版社,1956,2页)

“我们把词看作是语言中有意义的能单说或用来造句的最小单位,它一般具有固定的语音形式。”(符淮青《现代汉语词汇》(增订本),北京大学出版社,1985,1页)

“词是称谓上和造句上独立运用的最小单位。”(武占坤、王勤《现代汉语词汇概要》,内蒙古人民出版社,1983,9页)

“词是语言中一种音义结合的定型结构,是最小的可以独立运用的造句单位。”(葛本仪《汉语词汇研究》,山东教育出版社,1958,2页)

再看几本高校《现代汉语》教材:

“词是代表一定意义的,能独立运用的最小的语言单位,它一般具有固定的语音形式。”(林祥楣主编《现代汉语》,语文出版社,1991,108页)

“词是最小的,能够独立运用的、有意义的语言单位。”(北京大学中文系现代汉语教研室编《现代汉语》,商务印书馆,2003,195页)

“词是最小的能够独立运用的语言单位。”(张斌主编《新编现代汉语》,复旦大学出版社,2002,157页)

再看几本有代表性的辞书的注释:

“语言里最小的、可以自由运用的单位。”(中国社会科学院语言研究所词典编辑室编《现代汉语词典》第5、6版,商务印书馆,2011,221页;2012,211页)

“语言中具有固定语音形式和特定意义的、最小的独立运用的单位。”(李行健主编《现代汉语规范词典》第2版,外语教学与研究出版

社、语文出版社，2010，215 页）

“语言中最小的有意义的能自由运用的单位。”（《新华词典》，商务印书馆，2007，148 页）

所有这些关于“词”的定义，尽管表述有所不同，但有一个共同点，就是“词”是**“最小的”**语言单位。而关于“语”的定义，“最小”二字是根本不能适用的。

【问题 3】认为“语、词”之间的差异，不如语、词内部各词类、语类之间的差异大。

有学者撰文说：

> 温先生认为语和词有很多不同，遂将语词分立，其实词汇内部也照样存在着各种各样不同的词，按照不同的分类标准也可以分出大大小小不同的类。比如从构成方式来看，可以分成单纯词和合成词，合成词内又有并列、偏正、支配、补充等形式的不同；按照词性分类，可以分为实词和虚词，实词又可再划分为名词、动词、形容词、数词等不同的词类，虚词也有副词、介词、连词、助词等不同的类。各成员间的差异性也未必比一些“语”和“词”的差异性小。我们可以对词内各小类进行专门研究，以利于词汇学的整体发展，但我们着实不能把每一个小类都专门独立出来建立一门与“词汇学”平行的学科。

又说：

> 实际上，同样按照温先生的这些标准，“语”内各成员间的差异未必就比一些“语”和“词”的差异小。成语与惯用语在音节和有无表意双层性上的区别；谚语和成语、歇

后语等在语体风格、语义语形、造句功能、定型强弱等方面上的区别（武占坤 2000：15 —25），不都可以证明语内各成员间也是不无差异甚至差异更大的吗？[①]

有的学者也撰文说：

认真说起来，各类语间的差异恐怕要远远大于各类词间的差异。拿成语跟歇后语、单纯词跟合成词进行比较，哪两者差异大，哪两者差异小，读者或不难辨。各类语间的差异，也不见得小于词和语间的差异。拿成语跟歇后语、词跟成语进行比较，差异孰大孰小，读者也可立判。是不是它们之间存在差异就一定要分立门户？如果一定要将“语汇”与“词汇”分立，那么各类语汇似乎更有理由分立名称，如谚语或可称“谚汇”，成语或可称“成汇”，惯用语或可称“惯汇”，歇后语或可称“歇汇”。原本统一的词汇学将裂变为为数众多的学科，各自为政地进行所谓的研究，无法统摄在一起了。倘真如此，那对词汇学来说，不啻是一场灾难。[②]

【回答】

“词”和“语”都是可以进行再分类的。这种分类是在“词”和“语”的共性下进行的。以朱德熙的《语法讲义》为例。该书第三章“词类”，先把词分为实词和虚词两大类，实词又分为“体词”和“谓词”两类。体词又分为名词、处所词、方位词、时间词、区别词、数词、量词、代词（体词性）；谓词又分为代词（谓

① 见刘静静《也谈“语词分立”》（《辞书研究》2011 年 6 期）。

② 见周荐《语词分合问题引发的若干思考》（《世界汉语教学》2014 年 4 期）。

词性)、动词、形容词。虚词又分为副词、介词、连词、助词、语气词。各类词之间,当然是有区别的,如实词和虚词就有以下不同:从功能上看,实词能够充任主语、宾语或谓语,虚词不能充任这些成分。从意义上看,实词表示事物、动作、行为、变化、性质、状态、处所、时间等等,虚词有的只起语法作用,本身没有什么具体的意义,有的表示某种逻辑概念。

除此以外,实词和虚词还有以下一些区别:

(1)实词绝大部分是自由的,虚词绝大部分是粘着的。

(2)绝大部分实词在句法结构里的位置是不固定的,可以前置,也可以后置。绝大部分虚词在句法结构里的位置是固定的。

(3)实词是开放类,虚词是封闭类。

可见,实词和虚词的差别还是多方面的。但是,这种差别,是在词的统一定义——最小的能够独立活动的有意义的语言成分——之下的差别,和定义不同的"语""词"之间的差别是不能相提并论的。

同样,语的内部也是可以分类的。我们根据叙述的方式和内容把语分为表述语、描述语和引述语。其中引述语(即歇后语)与表述语、描述语的不同在于采用"引——注"结构形式;表述语与描述语的不同在于表述语具有知识性,而描述语缺乏知识性。表述语和描述语都可以根据结构是否"二二相承"分为"二二相承的表述语""非二二相承的表述语"和"二二相承的描述语""非二二相承的描述语"。"二二相承的表述语"和"二二相承的描述语"合称成语,"非二二相承的表述语"和"非二二相承的描述语"分别为谚语和惯用语。可见,成语、谚语、惯用语、歇后语之间的差异，是在形式上大于词、意义上具有叙述性这个共性的前提下的差异，和“语”“词”之间的差异也是不能相提并论的。这一点，下面还要进一步讨论。

【问题4】语、词之间是“联系”大于“对立”，当“合”不当“分”。

有学者撰文提出“语、词是对立大于联系，还是联系大于对立”的问题，称：

> 温端政（2010）谈到：“‘语词分立’并不意味着语、词对立。把语和词绝对地对立起来，人为地割断它们之间的内在联系，同样是不可取的。语和词至少有三点是一致的：1.都是语言单位。2.都是语言的现成的‘建筑材料’。3.都负载着使用这种语言的民族的传统文化。”温先生承认词和语都是语言单位，承认词和语都是语言现成的“建筑材料”，也承认词和语都负载着使用这种语言的民族的传统文化，实在令人叹服。从温先生上述三点导出的结论应该是语、词之间的联系大于它们之间的对立，应该是语和词同属一大类。至于说它们同属的这一大类的类名叫“语汇”还是“词汇”，那倒是无关宏旨的。按照传统语言学三分的学科分类，有探讨词的构成和变化规则的词法和将词语组合成句的句法，两者合称语法；有语言材料的物质外壳——语音；再有就是作为语言现成建筑材料单位的词和语的总汇——词汇（亦可称“语汇”）。词也好语也好，它们都是在语句中为语法所组织，都在表层附有语音外壳，为人直接用于交际的语言符号。词和语之同，远大于词语两者与语法、语音之异，这是不

言而喻的。词和语两者当然也还存在差异，但是这种异只是大类内部小类间的异，丝毫不影响它们间的大同。将词和语间的差异无限扩大，使两者对立起来，就如同将词法和句法间的差异无限扩大，并使之对立起来，是一样荒唐可笑的。[1]

【回答】

早在《“龙虫并雕”和“语”的研究》一文里，我们就指出“语”和“词”在“性质和作用”上既存在相同的一面，又存在相异的一面。提出“语、词是对立大于联系，还是联系大于对立”的问题，实际上没有什么意义。语、词之间的“异”和语、词之间的“同”，立足于不同的视角，是问题的两个方面。不能用语、词之间的“异”来否认语、词之间的“同”，同样，也不能用语、词之间的“同”来否认语、词之间的“异”。它们是相辅相成的，是不能用大小来衡量的。

我们认为，讨论语、词之间的“异”，最好不要把它与词语跟语法、语音之异相比较。语、词之间的“异”，与词语跟语法、语音之异，是不同层次之间的“异”。如果一定要比较，只会使问题更加复杂化。至于说，“将词和语间的差异无限扩大，使两者对立起来，就如同将词法和句法间的差异无限扩大，并使之对立起来，是一样荒唐可笑的”，我们看未必。“词和语间的差异”是客观存在，无须“无限扩大”；同样“词法和句法间的差异”也是客观存在，无须“无限扩大”。全国科学技术名词审定

---

① 见周荐《语词分合问题引发的若干思考》(《世界汉语教学》2014 年 4 期)。

委员会公布的《语言学名词》(2011)，就是把“词法”和“句法”分别出条，同时把“词法学”和“句法学”分别出条，分别解释为：

> 04.025 词法　词的构成规则和变化规则。构成规则表现为词的结构形式，例如“冰箱”是由两个语素构成的复合式合成词；变化规则表现为词的形态样式，例如“糊涂”的变化形态是“糊糊涂涂”“糊里糊涂”。
>
> 04.026 词法学　又称“形态学”。传统上与“句法学”相对。语法学的一个分支。主要研究词的结构，可分为两种类型：一是屈折形态学(inflectional morphology)，分析词的屈折变化；二是派生形态学(derivational morphology)，研究词的构成。
>
> 04.103　句法　短语和句子的结构方式，表现为词在其中的排列方式及其相互关系。
>
> 04.104　句法学　又称“句法组配学”。①与“词法学”相对。指研究词语组合成句子的规则的学问。②指研究句子结构所有成分之间的相互关系以及句子序列的组配规则的学问。

在这里，“词法”和“句法”并列，“词法学”与“句法学”并列，能说是“荒唐可笑”吗？语法可分为“词法”和“句法”，语法学可分为“词法学”与“句法学”，语词为什么就不能分为“语”和“词”，语词学为什么就不能分为“语汇学”和“词汇学”。这是科学，一点也不“荒唐可笑”。

【问题 5】“语词分立”说提出的语言学背景怎样。

有学者撰文称：

“语汇”这个术语早就存在，它一般是作为“词汇”异名同实的术语单位存在的。吕叔湘(1983:37)曾说过：“一个语言的所有语素和所有具有特定意义的语素组合，总起来构成这个语言的语汇。罗列一个语言的语汇，解释每一个语汇单位的意义的是词典。词典是语汇研究的成果。”吕先生这里说的“语汇”，就是“词汇”的异名同实词。而温先生所说的“词汇”、“语汇”却是按两词字面呈现的意义加以解说的：词汇，是词的汇集；语汇，是语的汇集。

又称：

其实，所谓“学界”认为语是词的等价物，只是部分学者那样说，并非整个学界都作如是观。迄今为止学界对“语”的概念仍嫌模糊，词汇学界的多数学者只是把语的一部分成员视作与词有相同或近似的作用，而不认为语的另一部分成员也具有与词相同或近似的作用。即使是将语视为词的等价物那部分学者，其观点也仅仅是说就大体而言语和词具有某种同质性，并非将其视为二而一的事物。①

【回答】

这涉及“语词分立”说提出的语言学背景。

先从斯大林对词、语和词汇的观点说起。

斯大林在《论马克思主义在语言学中的问题》(人民出版社，

① 见周荐《语词分合问题引发的若干思考》(《世界汉语教学》2014年4期)。

1953)里说："语言中所有的词构成为所谓语言的词汇。语言的词汇中的主要东西就是基本词汇，其中包括所有的根词，成为基本词汇的核心。"这一句话，明白确切地表明，一种语言的词汇是由这种语言里所有的词构成的，明显地把"语"排除在外。但他又说："语言，主要是它的词汇，是处在差不多不断改变的状态中。工业和农业的不断发展，商业和运输业的不断发展，技术和科学的不断发展，就要求语言用工作需要的新的词和新的语来充实它的词汇。"在这里，他把"新的词"和"新的语"并举为词汇的组成部分，表明词汇应当包括"语"。但紧接着他又说："语言也就直接反映这种需要，用新的词充实自己的词汇，并改进自己的文法构造。"这里又把"语"排除在外。可见，斯大林对词、语和词汇的观点，前后并不完全一致。

长期以来，斯大林关于词、语、词汇的观点，对我国语言学者，特别是词汇学者有很大的影响。就20世纪50、60年代来看，大致上有三种观点：

一是认同词汇是语言里词的总汇的说法，把"词"看成是"词汇"的唯一构成单位，把"语"排除在外。如孙常叙在《汉语词汇》(吉林人民出版社，1956)一书里，开头就写道："斯大林说的好，'语言中所有的词构成为所谓语言的词汇'。"(见2页)该书第二部分"词汇和基本词汇"里又说："每种语言所蕴蓄的词的总汇叫做'词汇'……换句话说，词汇总汇着一个个的词……"(见161页)该书近40万字，比较全面地论述了汉语词汇，涉及面很广，但未涉及"语"。这说明，词汇只是"词"的总汇，不包括"语"。

二是接受了词汇是语言里词的总汇的说法，但不把"语"

完全排除在外。如周祖谟在《汉语词汇讲话》(人民教育出版社，1959，9页)里说："'词汇'是指语言中所有的词来说的，语言中所有的词构成为语言的词汇。"但该书第四讲，在谈到现代汉语词汇的构成时说："现代汉语词汇中还包括大量的成语"，并指出："成语是语言中的固定的词组，它代表一个完整的意思，所以在句子里多半作为一个成分来用的，它的作用常常等于一个词。"这种观点，把成语归入词汇，这和词汇的定义，多少有些出入。

三是主张词汇应该包括"和词具有同等功能的固定词组"。黄景欣在《试论词汇学中的几个问题》(《中国语文》1961年第3期)一文里认为："'词汇是语言里的词的总汇'，这是一个不科学的定义。它既不能反映语言的词汇这一构成要素的实质，也没有概括词汇的全貌。"该文称：

> 构成语言词汇的，并不仅限于词这一语言单位，一切具有和词同样的功能的固定词组，也是词汇的不可缺少的构成要素。因为这种词组不仅有比较固定的形式，而且它在语言结构中的功能也相当于一个个的词，它们在词汇体系中经常也像词一样，作为一个词汇单位出现，因此决不能排除在词汇之外。

因此，该文对词汇提出新的定义："词汇是语言的构成要素。一种语言的词汇是由该种语言的一系列具有一定形式、意义和功能特征的互相对立、互相制约的词汇单位(包括词以及和词具有同等功能的固定词组)构成的完整体系。"

其实这种观点，也是来自苏联学者。O.C.阿赫曼诺娃、B.B.维诺格拉多夫、B.B.伊万诺夫《论描写词汇学、历史词汇学及历史比较词汇学的任务和几个问题》(中译本见《语言学译丛》创刊号,1958)就认为“任何一种语言的词汇都包括成千上万的词和固定词组”。

后来的论著、教科书和辞书里对“词汇”的理解和解释,基本上是上述这些观点的继承和发展。基本上分为两派:

一派继承第一种观点。如北京大学语言学教研室编的《语言性名词解释》说:“语汇是语言的词的总汇。某一语言的所有的词总合起来,就成为该语言的词汇。”(商务印书馆,1960,13页)《古今汉语词典》(商务印书馆,2000)“词汇”条的释义是:“一种语言里所使用的词的总汇。”

一派继承第三种观点。如葛本仪的《现代汉语词汇学》(山东人民出版社,2001,2页)认为:

> 词汇应当是一种语言中所有的词和所有的相当于词的作用的固定结构的总汇。所以,任何一种语言的词汇都包括着两个基本内容,那就是该语言中所有的词的总汇,和所有的相当于词的作用的固定结构的总汇。

符淮青的《现代汉语词汇》(增订本,北京大学出版社,2004)也认为:“词汇包括语言中的词和固定语。词汇是语言中词语的总和。”该书还认为:“确认语言中除了词以外,还存在固定语,它是词汇的重要组成部分,这种认识是词汇学研究的重要成果。”(见9页)

这两派意见,看来后一派意见逐渐占了上风。如《现代汉语词典》第5版“词汇”条还解释为“一种语言里所使用的词总称,如汉语词汇、英语词汇”。第6、7版就改为:“一种语言里所使用的词和固定词组的总称,如汉语词汇、英语词汇。”

那么，何为“固定词组（或固定结构、固定语）”呢？林祥楣主编的《现代汉语》（语文出版社，1991）作了以下说明：

一种语言的词汇是该语言词语的总和。现代汉语词汇是现代汉语全部词语的总和。这里的“词语”指词和各种性质作用大致相当于词的固定结构（即所谓“语”，比一般说“词语”的“语”，范围要小一些），在现代汉语中就是指成语（百花齐放、德才兼备、近水楼台等）、谚语（活到老，学到老；无针不引线，无水不行船等）、歇后语（狗撵鸭子——呱呱叫，姜太公钓鱼——愿者上钩等）、惯用语（穿小鞋、带（注：应作“戴”）高帽、开后门等）等。（见116页）

符淮青的《现代汉语词汇》也对“固定语”作了如下说明（见9页）：

固定语包括大量的专门用语和熟语，一些习用词组也可归人固定语。

专门用语下分专名词语（如“中华人民共和国”“黄土高原”）、术语（如“冷冻疗法”“电脑病毒”）、行业语（如“转账结算”“木刻水印”）等。

熟语包括成语（如“愚公移山”“江河日下”）、谚语（如“春打六九头”“磨刀不误砍柴工”）、歇后语（如“猪鼻子上插葱——装象”“老鼠尾巴长疖子——出脓也不多”）、惯用语（如“走后门”“踢皮球”）等。

词汇既然包括“词”和“语”，就有一个名称问题，有人主张还是叫“词汇”，有人主张改称“语汇”。如张志公先生主编的《现代汉语》（试用本，人民教育出版社，1982）把“词汇”改称为“语汇”。对此，刘叔新提出异议，他说：“语言学中指同一对象的术语人为地增多，是有害无益的，徒然带来术语使用上的混乱，增加术语规范的负担。术语‘词汇’早已使用开来，成为中国语言学界的‘常用词’，要用‘语汇’来替换它，改变学术界惯用的术语，似无必要；何况‘语汇’不见得比‘词汇’优胜。虽然‘语汇’可以同‘语音、语法’取得名称表面上的一致，但是它当中的‘语’和‘语音、语法’的‘语’实际上含义并非一致：后者指‘语言’，而前者指‘用语’或词语的‘语’。再说，‘语汇’突出了‘语’，而不是数量上多得多的词，这一点就使它比‘词汇’逊色。”（见《汉语描写词汇学》，商务印书馆，1990，16—17 页）

然而，把“词汇”称作“语汇”，也并非始自张志公主编的《现代汉语》。早在 20 世纪 50 年代，吕叔湘就曾用“语汇”来指称“词汇”。他说：“每个语言自成一个独特的体系，语音、语法、语汇都是如此。”又说：“一个语言的所有语素和所有具有特定意义的语素的组合，总起来构成这个语言的语汇。罗列一个语言的语汇，解释每一个语汇单位的意义的是词典。词典是语汇研究的成果。”（见《语言与语言学》，《语文学习》1958 年，第 2、3 期）

其实，主张把词汇改称为“语汇”，大有人在。胡明扬主编的《语言学概论》就说：“语汇就是一种语言中词和语的总和”；“语汇也可以叫作词汇，两种术语的意思差不多。不过说词汇容易被误解为只是指‘词’，说语汇就明确包括了‘语’。”（语文出版社，2000，86—87 页）卢英顺所著的《现代汉语语汇学》（复旦大学出版社，2007），不仅主张把词汇改称为“语汇”，还把词汇学改称为“语汇学”，该书称：

语汇，一般称之为“词汇”，它是语言的建筑材料，是语言中词与词的等价物的总汇。不同的人对语汇范围大小的理解并不一致，表现在两个方面：一是，对这种“等价物”的理解不同，有的只包括成语、惯用语、歇后语，有的还包括谚语、格言，甚至更广；二是，对语素有不同的处理，有的把它包括在语汇之内，有的则将它排斥在外。但大家对“词”的处理没有异议，可见，词是语言中语汇的典型成员。本教材把语素看作语汇的成员之一，对等价物的理解也是最狭义的。因此，我们用“语汇”这个术语，而不用“词汇”，这或许更名正言顺些。

该书接着解释什么叫“语汇学”，认为“研究语汇的这门学科就是语汇学”。

由此可见，长期以来，在什么是“词汇”，“词汇”是否包括“语”，“词汇”是否改称“语汇”，“词汇学”是否改称“语汇学”，等等一系列问题上，一直存在不同的意见。可谓众说纷纭，莫衷一是。“语词分立”说，是解决这些问题的一把利刃。按照此说，“词”和“语”是两种不同性质的语言单位；“词”的总汇叫“词汇”，“语”的总汇叫“语汇”；研究词汇的学科叫“词汇学”，研究语汇的学科叫“语汇学”。这样，长期以来争论不休的种种问题，不是都可以迎刃而解了吗？

“语词分立”说的提出，还有一个背景，就是针对语是“词的等价物”的说法。

据我们所知，在国内的学者中，最早提出这个观点的可能是张永言。他在《词汇学简论》(华中工学院出版社，1982)一书的第六章“熟语”里写道：

语言里的这一类现成的固定词组或句子（主要是固

> 定词组)就叫做熟语。研究熟语的语言学学科叫做熟语学。因为熟语跟词一样是现成的语言材料,而作为熟语的主要部分的固定词组则是词的等价物(equivalent),所以一般都把熟语学当作词汇学的一个分科。

这个观点随着《词汇学简论》的影响而传播开来,有不少论著都持有这个观点。较具代表性的学者是刘叔新。他在《汉语描写词汇学》(重排本,商务印书馆,2005,17 页)中论及“词汇和语汇”时进一步详细地阐述了语是“词的等价物”的观点:

> 这里所说的“语”,就是词的固定组合体。它是词的等价物:在作为语言建筑材料来构造句子的作用上相当于词。比如“他们聚精会神地听着”同“他们专心地听着”相当,“这个人居心叵测”同“这个人阴险”相当。

固然,“并非整个学界都作如是观”,但不可否认的是,过去学界只见有人支持这种观点,而未见有人对此观点提出质疑的。许多词汇学专著和教材都把“语”作为词汇的附属来处理就是证明。

语是“词的等价物”这个观点,其实并不是我国学者的创造,它也是来自苏联语言学者。早在 20 世纪 70 年代,А.И. Молотков 就认为“熟语是词的等价物”,“它在意义上是词,在形式上是词组”。(Асновы фразелогии русского языка. Ленингал, Изд во Наука, 1977:10—15。转引自吴芳《俄汉熟语概念的对比分析》,《中国俄语教学》第 25 卷第 1 期,2006 年 2 月)

“语词分立”说的提出,破除了语是“词的等价物”的观点。

【问题6】“语词分立”说提出的“理由”是什么。

有的学者撰文称：

> 温先生提出“语词分立”，理由主要有如下几点：1.认为“熟语”的指称不合适；2.认为“语”的研究重要且有益，而现状薄弱需加强；3.认为“语”和“词”的本质不同。[①]

【回答】

把上述三点说成是我提出“语词分立”说的“理由”，这不符合事实。

先说第一点。把“‘熟语’的指称不合适”说成是我提出“语词分立”说的“理由”，这是颠倒了因果关系。

“熟语”的指称问题，是“语词分立”之后对“语”的总汇的“指称”问题：是称“语汇”好，还是称“熟语”好。不是“语词分立”说提出的“理由”。

再说第二点。把“‘语’的研究重要且有益，而现状薄弱需加强”说成是我提出“语词分立”说的“理由”，也是颠倒了因果关系。我在《论语词分立》一文的第三部分“‘语词分立’的重要意义”里指出，实行“语词分立”有利于加强“语”的研究和教学。该文分析了“语”的研究和教学的现状之后，作了以下叙述：

> 对“语”重视不够和理论研究的薄弱，必然反映到高等学校的现代汉语教材里。就笔者所见到的有限几部教材而言，有关“语”的部分，都程度不同地存在分量不足、内容简略、知识陈旧等问题。如胡裕树先生主编的《现代汉语》（修订本）“词汇部分”共73页，讲“语”的部分不过

① 见刘静静《“语词分立”和“语典学”的立异》（《辞书研究》2016年1期）。

7页；且主要是讲成语，讲其他“语”（包括歇后语、谚语、惯用语）的，还不到两页。黄伯荣、廖序东先生主编的《现代汉语》，词汇部分共分八节，98页，用来讲“语”的只有一节，不到9页，也是十分之一弱一些。再如张静先生主编的《现代汉语》，词汇部分分三节，共114页，第一、二节“词汇基本知识”、“用词的基本要求”都没有提到“语”，只在第三节“选炼词语的技巧”里，用不到10页讲“精心选用熟语”。篇幅太少，必然叙述简略。彼此大同小异，少有创新。关于成语、歇后语、谚语等的定义，基本上还重复着上世纪50年代一些论著的观点，似乎不大理睬近50年来在这方面所取得的新成果。

实行“语词”分立，首先把作为语言的建筑材料的词语分为“词”和“语”两大类，然后分别建立“词汇”和“语汇”的理论体系，这将有助于从根本上加强“语”的研究，提高“语”在教材里的地位，使学生能获得必要的有关“语”的比较全面的基本知识。

由此可见，对“语”的研究和教学“有益”，有助于改变“现状薄弱”，是实行“语词分立”的意义之一，而不是“语词分立”的“理由”。

第三点，把“认为‘语’和‘词’的本质不同”，看成是我提出“语词分立”说的“理由”也不符合我的原意。

我在《论语词分立》一文的第二部分“‘语词分立’的基本含义”里，指出“语词分立”的基本含义的第二个要点是：

确认“语”和“词”是两种性质不同的语言单位，把“语”从“词汇”里分立出来，把“词”从“语汇”里分立出来。

这里用的是“性质”两字。“性质”和“本质”是内涵不同的两个概念，不可随意取代。

我们提出“语词分立”说的理由，是基于“语”“词”在性质和作用上有不同的一面，这在前面已经作了阐述，这里不再重复。

【问题 7】“语词分立”说提出后的反响怎样。

有的学者撰文说：

> 温先生的“语词分立”对传统的定说具有相当的颠覆性，提出后引起一些反响，是很自然的。正面评价的如温朔彬（2006），按照温先生的思路进一步阐述“语词分立”的主张，说温先生“语词分立”观点的提出是因为学界长期以来将语视为词的等价物，而将语视为词的等价物则是不正确的观点。辛菊（2009）认为“语词分立”观点提出后对传统的语法教学研究造成巨大的冲击。冲击最大的莫如“语素”这个概念，因为在温先生这里“语素”不再是 morpheme 的汉译，而是构成各类语的要素——语之素。王海静（2011）也对温先生这部著作给予了高度评价，认为：“其中最深刻的感受有两点：一是《汉语语汇学》在学术上为汉语的‘语汇’起到正名的作用；二是《汉语语汇学》在汉语语汇类辞书的编纂实践方面具有重要的指导意义。”邹新龙（2012）首先肯定温先生“把‘语’从词汇中分立出来，词汇就是词的总汇，语汇也就成了语的总汇”，又提出动态、静态说，认为：“语义和词义在逻辑上是种属关系，即语义包含词义，而语汇和词汇在动态角度上也是

种属关系，而在静态角度上则表现为‘语词分立’。”邹文更进一步评价道：“‘语词分立’为建立完整的‘语词学’科学体系贡献力量。”与上述不同的意见也有一些，例如，韩敬体(2009:98)指出：“语汇和词汇分立，语汇的语素与词汇的语素，名称相同，内涵参差，在词典、语典中名同实异，如都标注语素会给读者带来麻烦，也必须认真考虑。”……曾昭聪(2012)从明清俗语辞书的“语”、“词”兼收提出辞书编纂中的“语”、“词”兼收模式是可取的，而且“语”、“词”兼收是有其道理的。这就从反面对“语词分立”提出了不同意见。[①]

【回答】

事实上，最早表示支持“语词分立”说的，是北京大学对外汉语教育学院副院长李红印教授。2004 年，他在“汉语词汇学首届国际学术讨论会暨第五届全国研讨会”上宣读了题为《〈汉语水平词汇与汉字等级大纲〉收“语”分析》的论文。文章称：

> 应该说，21 世纪汉语词汇学引人注目的动向是“语词分立”新主张的提出。2002 年，温端政先生撰文，质疑传统词汇学关于词汇的定义，并探讨词、语的不同性质与分别，首次提出了“语词分立”的主张。该文的基本观点就是，“语”和“词”是两种性质不同的语言单位，应该把“语”从“词汇”中分立出来，把“词”从“语汇”中分立出来，

---

① 见周荐《语词分合问题引发的若干思考》(《世界汉语教学》2014 年 4 期)。

用温端政先生的话说就是：

(1)“词”既是词汇单位，又是语法单位；而“语”只是语汇单位，不是语法单位；(2)“词”有“虚、实”之分，词的意义有词汇意义和语法意义两个方面；“语”没有“虚、实”之分，都是“实”的；(3)实词的词义（词汇意义）的基本特征是概念性；而语义（“语”的意义）的特征是它的叙述性。

温端政先生认为，叙述性是“语”的共同特征，是“语”区别于“词”的最重要的特征。它具体分为三种类型：1.描述性：描述事物的形象、性质或状态，如“碰钉子”“牛头不对马嘴”等；2.表述性：表达某种推理或判断，传授某种知识（包括经验），如“远水不解近渴”“吃一堑，长一智”；3.引述性：前一部分是“引子”，从中引出后一部分，后一部分描写某种形象、性质或状态，如“十五个吊桶打水——七上八下”“骑驴看唱本——走着瞧”等。

我们认为，尽管“语词分立”新主张在论证中还有一些值得商榷的地方，如“语”究竟是不是语法单位？“描述性”“表述性”和“引述性”是不是同一个层面上的东西？等等，但总的看，“语词分立”新主张加深了我们对“语”的认识，也加深了我们对“词”“词汇”的认识，其提出本身就具有重要的理论意义和很广的应用前景。

我们认为，“语词分立”新主张的提出，除温端政先生指出的有利于加强“语”的研究和教学、有利于语词类辞书的编纂外，还有利于在对外汉语教学中明确建立“语素（汉字）”“词”和“语”三级语言教学单位，理清三者关系，提高教学效率，也有利于《大纲》扩大视野，制定合理的词语收录原则和编排体例。

这篇文章，后来发表在《语言文字应用》2005年第4期上。

接着，青岛大学的李行杰教授在《构建中国语言学特有的语汇学——读温端政〈汉语语汇学〉》(《语文研究》2006年第1期)一文里，设专节评述了"语词分立"的主张，认为它"明确指出了语和词的区别，使语摆脱了词的附庸地位"。该文还从结构成分、语义功能、结构形式和语法功能等方面，分析了"语"和"词"的异同：

> 第一，结构成分不同：词是由词素构成的，构成词的最小成分是词素；而语是由词构成的，构成语的最小成分是词，词在语中是以"语素(构成语的要素)"身份出现的。因此，语是大于词的语言单位。第二，语义功能不同：词，除了部分虚词只表示语法意义之外，所有实词都是表达概念的语言单位，而语是叙述性的语言单位。概念性和叙述性是它们的根本区别。第三，结构形式不同，词的结构是固定的，具有凝固性，而语的结构的固定性具有相对性。第四，语法功能不同，虽然语和词一样，都可以作各种句子成分，但是，语的语法功能大于词：其一，语有单独成句功能(不像独词句只能在一定的语境中存在)；其二，语有被引用功能。

与此同时，商务印书馆乔永(笔名张星)(2006)撰文指出："'语''词'分立主张的提出，这对语汇学学科具有开创意义。"宁波大学沈怀兴撰文称："学界向来把谚语、惯用语、成语、歇后语作为词的等价物，放在词汇中研究，大家习以为常了，似乎没觉得有什么不可。唯温先生认为不可”,“力主‘语词分立’……使人们清楚地看到‘语’和‘词’是两种性质不同的语言单位。”

在2007年7月召开的首届全国语汇学学术研讨会上宣读的论文中,有不少论及“语词分立”。其中李行杰教授论文的题目就是《语词分立势在必行》。该文指出:“语和词不仅在性质上是两类不同的语言单位,作为不同于词的语言单位,语的数量也是惊人的。”该文认为,“在普通语言学理论中,只有语音、词汇、语法三分,没有语音、语词、语法三分之说,即有词汇而无语汇……,不妨更进一步,把语汇单列出来,形成语音、词汇、语汇、语法四分的局面。”

对这些重要的支持意见,一字不提,未免有些不妥。

至于说韩敬体和曾昭聪的文章“从反面对‘语词分立’提出了不同意见”,更是不符合事实。韩敬体在首届全国语汇学学术研讨会宣读的《词语的混同、分立与辞书编纂问题》(《汉语语汇学研究》,商务印书馆,2009)一文说:

> 温端政先生2002年提出语词分立问题,2005年出版了有开创意义的《汉语语汇学》,对语汇的研究更加系统化、理论化。2007年5月,他还在一个会议上进一步提出辞书中字典、词典、语典鼎足分立的问题,建议把“语典”从词典中分立出来。提出这一问题是有价值的,对促进词和语的研究、词典分类编辑、词典收词范围、更新辞书的某些观念都是有意义的。

该文还提议把词汇和语汇系统的术语整合为:词素-词-词组;语素-语-语组。这明显是对“语词分立”说的支持,哪里是对“语词分立”提出“不同的意见”?

曾昭聪的文章《论明清俗语辞书的收词特点——兼论辞书编纂中的“语词分立”观与“语词兼收”观》(《暨南学报》(哲学社会科学版)2012年6期)一文“摘要”中就强调:“从明清俗语辞书‘语’‘词’兼收的实际情况出发可以认为辞书编纂中‘语’‘词’兼收与‘语词分立’是可以并存的。”正文又说:语词分立“这一观点很有道理,对辞书编纂具有指导作用”。可见,该文也并不反对语词分立。

当然,质疑或不赞成“语词分立”说的文章也有,不过还是太少。我所见到的只有《也谈语词分立》(刘静静)、《“语词分立”和“语典学”的立异》(刘静静)等不多几篇。

引人注目的是,黄建华新近在《对修订〈汉法大词典〉的期许》(《辞书研究》2016年5期)一文中,言简意赅地表示对“语词分立”说的支持,文章称:

> 笔者早就注意到“语词分立”或“字典、词典、语典三分”之说(温端政2002、2014),尽管有质疑之声(刘静静2011),但我是赞成前说的。后喜见温端政先生(2014)主编的《新华语典》问世,更坚定了我关于在汉外词典中系统收录必要语句的信念。

值得我们重视的,这是他长期主编《汉法大词典》的体会。他在文章的第六部分“收词和收语”中,有感于汉外词典往往注意收词而忽视收语,称:“大型汉外词典收词量往往十分充足,而‘收语量’则相对贫乏;传统上称为‘词典’的,一般都含字、含语,而以词为主,常常忽略语的地位。”他建议另起炉灶,编一本《汉法语典》,给《汉法大词典》“添个小妹妹”,将来与之形成"姐妹篇"。

最近出版的王希杰《汉语词汇学》(商务印书馆,2018)也涉及这个问题,在论述"词汇的定义"时,认为词汇是"一个语言全部词的总汇",不赞成黄景欣提出的词汇应包括固定词组的观点(见 230—231 页);在论述"词汇学的研究对象"时,该书称:

> 我们认为,熟语是语,不是词,就不应该作为词汇学的研究对象。不能因为它是词的等价物,就列入词汇学。人所皆知,在言语中,不仅是熟语、固定短语,而且图画、符号也有表意作用,但它们都不是词汇学的研究对象。(3 页)

认为词汇是词的总汇,不包括固定词组;认为"熟语"不是词,不是词汇学的研究对象,这是词汇学专著在语、词关系问题的论述上新的突破,实际上支持了"语词分立"的主张。不过,我们主张最好不要再用"熟语"这个术语,而以"语汇"逐步取代它,同时认为"语"不是"词的等价物"。

贰　关于“语”的定义

给“语”下一个“学术性的语言学性质的定义”，说易行难。经过多年的思考，在《“龙虫并雕”和“语”的研究》一文里第一次提出“语”的定义：如果说“词是语言里最小的、有意义的、能自由运用的单位”(《古今汉语词典》，商务印书馆，2000)，那么，“语”则是“语言里大于词的、结构相对固定的、具有多种功能的叙述性单位”。在《汉语语汇学》(商务印书馆，2005)里，重申了这个观点。

多数学者对上述语的定义持支持态度，但也有不同的意见。

【问题 1】说语“具有多种功能”应怎样理解。

有的学者撰文质疑上述“语”的定义中关于“语”具有多种功能的说法，称：

> 温端政(2005b：15—17)论述语具有而词不具有的语法功能时又说：“第一，语具有成句的功能；第二，语有被引用功能；第三，语有被拆开使用，分别充当不同成分的功能。”温先生这三条结论是在怎样的研究基础上得出的，我们不得而知，但是：第一条，“语具有成句功能”。词似乎也不好说不具成句功能。尽管温先生在同书中也论述了词和语不同的成句功能，但并不能使读者得出在成

句这一点上语与短语近，语与词远的结论。第二条，“语有被引用功能”。词也具引用功能，毋庸细论。第三条，“语有被拆开使用，分别充当不同成分的功能”。成语、惯用语、谚语似都不可随便拆用。或许有人会说，歇后语光说引子部分，不就是可以拆开来使用吗？其实，像“大水冲了龙王庙、狗咬吕洞宾”这类歇后语，“即使说者不把后边的‘一家人不认识一家人、不识好人心’等说出，听者也会将其补上，或在嘴上，或在心里。也就是说那些有‘引’无‘注’的歇后语，从语义上看也是‘引’、‘注’俱全的，只不过它的‘引’和‘注’可能是由不同的人来完成的，或者是由同一个人的外部言语和内部言语一起完成的。”（周荐，2001）再看词，“敬礼、鞠躬、念经、拍马”等为数不少的词都是可以拆开来使用的，它们是词，是被称作“离合词”的词，而不是语。[1]

也有的学者专门对“语”的“成句功能”提出质疑。文章称：

温先生谈到“语”的性质时有“成句的功能”一条，这似乎也只能说是对一部分“语”的限定。一般来说，句子是用词和短语构成的能够表达完整意思的语言单位；而“语”通常是指短语或固定短语，不具有句子的属性和功能。虽然“成句功能”在谚语和歇后语中有一定的体现，却不宜把它视为包括惯用语和成语在内的全部“语”的性

① 见周荐《语词分合问题引发的若干思考》（《世界汉语教学》2014 年 4 期）。

质和特征。而“成句功能”在惯用语和成语中却表现很弱，大部分的惯用语和成语并不成句。例如：惯用语“炒鱿鱼”“乌鸦嘴”“软钉子”[①]等，成语“艰难险阻”“出类拔萃”“天罗地网”等，它们都属于固定短语，不能直接表达完整的意思，不具有成句功能。因此也就很难说“成句功能”是所有的“语”区别于词的重要功能之一。而且，如果真的用“成句功能”的尺度去衡量哪些语言现象为“语”，就会把相当一部分没有成句功能的固定短语排除在外。据此可以认为：“成句功能”只是部分“语”而不是全部的“语”所具有的，它不是“语”区别于词的主要特点；此种对“语”的限定也只适用于“语”的一部分下位概念。[②]

【回答】

对语的语法功能，要作具体分析。我们说“语具有成句的功能”，并不是说所有的“语”都有成句的功能。拙作《汉语语汇学》在论述语的结构类型时，就把语的结构类型分为三种：词组型、句子型和“引注”结构型。词组型又分为：并列型、述宾型、述补型、偏正型、兼语型、连动型。在谈到“语”有成句功能时称：“‘语’之所以能单独成句，是由于‘语’多采取句子形式，有的相当于单句，有的相当于复句。”（见15—16、99—102页）

这里用了一个“多”字。“多”可以理解为“许多”“很多”，当然不是指全部。至于语汇里究竟有多少语是采取句子形式

---

① “乌鸦嘴”“软钉子”，《现代汉语词典》（第7版）都标作名词，不属于惯用语。

② 见程荣《语汇学的研究对象与新语的类型特点》（《世界汉语教学》2015年4期）。

的，占多少比例，我们没有统计过。不过，根据我们多年来编纂语汇类辞书的经验，大略的估计是：谚语和歇后语大部分或者说绝大部分采用句子形式；惯用语有相当一部分采用句子形式，也有相当一部分采用词组形式，很可能旗鼓相当，也可能采用词组形式的略多一些；成语大部分采用词组形式，采用句子形式的是少数。综合起来看，采用句子的形式也许比采用词组的形式略多一些。

"'语具有成句的功能'。词似乎也不好说不具成句功能。"对此，我们在说明"语"有成句的功能时，就有过说明："'词'有时也可以单独成句，叫做'独词句'。独词句是一种比较特殊的句式，有许多限制。而'语'成句是一种常见现象。"（见《汉语语汇学》，15页）这表明，"语"和"词"虽然都能"成句"，但在量和质上都有不同。

说"语有被引用功能"，并不是说所有的语都有这种功能。成语也可以被引用，但相对来说，概率比较低。惯用语、歇后语也常被引用，但引用概率最高的还是谚语。如"俗话说……""常言道……"随时可见。词是不是可以被引用呢？有一种类似引用的格式："××××叫作××，如"有那么一种深情叫作思念"。其实，这并非是真正的引用。说"词也具有引用功能，毋庸细论。"在这里"毋庸细论"或许是个"遁词"。词被引用的情况，虽然不敢说完全没有，至少可以说是比较罕见的。

我们说，"'语'有被拆开使用，分别充当不同成分的功能"，也不是说所有的语都有这种功能，成语一般不能拆开使用，像"任重道远"可以说成"任重而道远"，只是少数例子。谚语和非动宾结构的惯用语一般也不能拆开使用。只有动宾结构的惯用语和歇后语可以被拆开使用。

质疑意见称："'敬礼、鞠躬、念经、拍马'等为数不少的词都是可以拆开来使用的，它们是词，是被称作'离合词'的词，而不是语。"

关于离合词，吕叔湘在《汉语语法分析问题》(商务印书馆，2005，22页)里有一段论述：

> 有些组合只有单一的意义，难于把这个意义分割开来交给这个组合的成分，例如"走路｜洗澡｜睡觉｜吵架｜打仗"，等等，因此有人主张管这种组合叫"离合词"，不分开的时候是词，分开的时候是短语。

这说明，"离合词"分开了就不再是词，而成了短语了。这跟"语"拆开之后仍是"语"，是不同的。

语、词之间在语法功能上的"异"，具有"交叉"的性质，有的是量上的问题，但也不排除含有某种"质"的成分。它不是语、词之间主要的"异"，而只是语、词之间"全覆盖"的"异"的补充。不能用来作为区分词和语的主要标准。

【问题2】关于语义的叙述性如何理解。

有的学者撰文对语的"叙述性"提出质疑，认为"叙述性"只限于"谓词性的语言单位"，该文称：

> 温先生认为，"语"从性质上来说"大于词"，具有"整体性"，这一点我们是赞同的。但对于"语"必须是"叙述性语言单位"的提法尚有不解之处：这样的限定，是否要把所有非叙述性的大于词且结构固定的语言单位，一律

排除在外呢？像“绿色食品”“黄金搭档”“灰色收入”等是否都属于非叙述性的固定短语，不能视为“语”，而该归入“词”呢？回答应当是否定的。用语言实例验证，“语”是“叙述性”的这一提法显得不够周延。

《现代汉语词典》（以下简称《现汉》）对动词“叙述”的解释是：“把事情的前后经过记录下来或说出来。”据此，对“叙述性语言单位”的理解似乎应当是那些谓词性的语言单位，诸如温先生所举叙述性的“吃一堑，长一智”等；但有些通常也被视为固定语的，像“绊脚石”①“山珍海味”“鸡毛蒜皮”等按一般的理解就不具有叙述性。“叙述性”对“语”的这一限定，似乎也会把新词语中的“泥饭碗”“软环境”②以及“绿色食品”“黄金搭档”“灰色收入”等体词性的多字格语言单位一律排除在“语”外。事实上，“绊脚石”等非叙述性的语言单位，通常是跟那些具有叙述性的语言单位一起，被业内专家解释或收入固定短语类的汉语辞书的。③

【回答】

这个问题，是在肯定“语词分立”和语汇学的前提下提出来的，我们非常欢迎。

语义的叙述性当然首先体现在“谓词性”的语，这似乎没有异议。问题是“体词性”的语是不是同样具有叙述性。我们

---

①② “绊脚石”“泥饭碗”“软环境”，《现代汉语词典》（第7版）都标作名词，明显不属于“语”。

③ 见程荣《语汇学的研究对象与新语的类型特点》（《世界汉语教学》2015年4期）。

的回答是肯定的。

先看谚语。谚语绝大多数是“谓词性”的，但也有少数从结构形式上看属于“体词性”，如（释义摘自《新华谚语词典》，商务印书馆，2005）：

【一寸光阴一寸金】一寸光阴：指日影移动一寸；形容时间短。指时间像黄金一样宝贵。劝人应珍惜时间。

【一分钱钞一分货】指货物的价格和质量相联系，出多少价，买什么等级的货。也泛指给多少好处，就出多大力，办多大事。

【一夜夫妻百夜恩】即使做一夜的夫妻也有百日的恩爱。指一旦结为夫妻，就有经久不衰的深厚情谊。

【女儿心，海底针】指女儿的心事，就像沉在海底的针一样捉摸不到。

【十个人十样性】指每个人都有自己的思想和个性。

【七分人事，三分天资】天资：天分，天赋资质。指一个人在事业上的成就，主要靠勤奋，天分是次要的。

【三年清知府，十万雪花银】清：清廉。知府：明清两代一府的长官，管辖数个州县。雪花银：纯白的银子。即使只做了三年“清廉”的知府，也能捞到十万两白银。指旧时官场腐败，无官不贪。

相比谚语，“体词性”的惯用语就更多了，如（释义摘自《新华惯用语词典》，商务印书馆，2007）：

【东一句，西一句】形容谈话没有中心，随意闲聊。也形容人多嘴杂。

【刀子嘴，豆腐心】嘴像刀子一样，心像豆腐一样。

形容人说话强硬尖刻，心肠却和善慈软。

【一把屎，一把尿】形容抚养孩子艰难辛苦的样子。

【一点水一个泡】形容说话、办事诚实可靠。

【一个红脸，一个白脸】红脸：传统戏剧中象征刚强、忠诚的脸谱，如关羽。白脸：传统戏剧中象征奸邪、诡诈的脸谱。指一个装好人，一个当恶人，彼此串通一气。

【一时猫脸，一时狗脸】猫脸：指代慈善的面容。狗脸：指代凶恶的面容。形容表情和态度变化很快，时好时坏。

【一个富贵心，两只体面眼】体面眼：仰视体面人的眼，即势利眼。一颗心只向着富贵人家，两只眼只看得起有身份的人。形容人嫌贫爱富。

再看成语，属于体词性的，仅“一”字开头的成语就可举出一些。如：“一箭双雕”“一石二鸟”“一目十行”“一日千里”“一字千金”“一言九鼎”“一国三公”“一日三秋”，以及“一刻千金”“一发千钧”“一心一德”“一心一意”“一板一眼”“一年一度”“一针一线”，等等。

以上事实表明，有些语在字面形式上可以是“体词性”的，但内容意义还是叙述性的。这是因为语在结构上往往具有凝练性、紧缩性和概括性。①

当然，语言实际是复杂的，有时会碰到难点，甚至可能有例外。举出“山珍海味”“崇山峻岭”“康庄大道”来质疑，认为

① 参看黄冬丽《试论语义的“叙述性”》(《汉语语汇学研究》(四)，商务印书馆，2017，64—73页)。

这些“名词性的四字格，是非叙述性的”，就值得我们注意。下面不妨作一些分析。

像“山珍海味”“崇山峻岭”“康庄大道”等“名词性四字格”，在成语中属于少数。从语法结构上看，大致可分为三类：

1. 定语＋之＋中心词。如：

不刊之论　不速之客　弹丸之地　可乘之机　一丘之貉　门户之见

2. 定语＋中心词。如：

雕虫小技　庞然大物　雨后春笋　掌上明珠　锦绣前程　汗马功劳

3. “定语＋中心词”＋“定语＋中心词”。如：

粗枝大叶　和风细雨　落花流水　生龙活虎　单枪匹马　甜言蜜语

“山珍海味”“崇山峻岭”属于第3类，“康庄大道”属于第2类。

孙维张在《汉语熟语学》（吉林教育出版社，1989，170页）里把这些“名词性四字格”称为“体词性成语”。他认为：“从语义特点来看，体词性成语具有明显的物指性”，“但是体词性成语所表示的事物，其功能在于对某类事物进行描写，具有很强的形象性特点，而不做事物的名称，与具有称名作用的名词或名词性短语不同。”

他还说：“熟语性的组合则不具有称名性的特点和功能，没有指称作用。熟语性组合，既不是特定事物也不是特定类别事物的名称，它在语言中的作用是对客观事物进行描绘或陈述，不是给事物命名。”接着举例说：“‘盐碱地’是农业土壤学中一种土质的专有名称，而'不毛之地'则是土、地特点的描写，形容荒凉、贫瘠，并不是某种土质田地的名称。同样，'重挽马'、'暖水性鱼'、'反革命分子'是一种马、一种鱼、一种人（罪犯）的名称，而'害群之马'、'釜底游鱼'、'不逞之徒'则是对客观事物的描写，不是某种马、某种鱼、某种人的名称。"（见上书10—11页）

他还说："许多〔（定·心）+（定·心）〕式熟语，如'落花流水/三心二意/粗心大意/愁眉苦脸/笨手笨脚/焦头烂额/大刀阔斧'等，在句中的功能都同谓词性熟语一样，说明这些熟语的语法属性不是体词性的，而是谓词性的。"（见上书44页）

孙维张的这些观点，现在看来还是正确的。

试看《现代汉语词典》（第7版）对"山珍海味""崇山峻岭""康庄大道"的释义：

【山珍海味】山野和海洋里的各种珍贵的食品，多指丰盛的菜肴。

【崇山峻岭】高而险峻的山岭。

【康庄大道】宽阔平坦的大路，比喻光明美好的前途。

"食品"前面加"珍贵"，"菜肴"前面加"丰盛"；"山岭"前面加"高而险峻"；"大路"前面加"宽阔平坦"；"前途"前面加"光明美好"。这些修饰性的词语，表明这些成语在语义上，"既不是特定事物也不是特定类别事物的名称，它在语言中的作用是对客观事物进行描绘或陈述"，"语法属性不是体词性的，而是谓词性的"。

叁　关于“语汇”的范围

根据上述“语”定义，我们确定了汉语语汇的范围，认为：“汉语语汇应当包括成语、谚语、歇后语和惯用语。包括格言在内的名句，专门用语和专名语、复合词，以及结构上缺乏必要固定性条件的某些习惯性说法等，都不是‘语’，不属于语汇成员。”（《汉语语汇学》，商务印书馆，2005，26页）

【问题1】格言、名句（或称名言）是否可以归入语汇。

有的学者撰文称：

把属于“词”的部分从“语”里划出去之后，本来应该属于“语”的，也应该把它认回来。这里主要是针对温端政把名句、格言排除在“语”之外提出商榷。

中国历史悠久，文化名人层出不穷，古往今来，名篇浩瀚。这些典籍世代相传，许多精辟名句早已为人熟知。有的早已提炼为格言，编入教材；有的作为典故；有的还是直接的引文，经常出现在现代的口语和书面语之中。单是《论语》中的名句今天还很常说的就有：“有朋自远方来，不亦乐乎？”、“温故而知新”、“知之为知之，不知为不知，是知也”、“三人行，必有我师焉”、“有教无类”、“吾日三省吾身”、“不患人之不己知，患不知人也”、“见贤思齐”、“君子喻于义，小人喻于利”、“君子坦荡荡，小人长戚戚”、“岁寒然后知松柏之后凋”、“四海之内皆兄弟也”、“工欲善其事，必先利其器”、“己所不欲，勿施于人”、“名不正，则言不顺”、“当仁不让”、“人无远虑，必有近忧”、“过犹不及”。至于历来诗文中的名句，就更多了：“山重水复疑无路，柳暗花明又一村”（陆游）、“春蚕到死丝方尽，蜡炬成灰泪始干”（李商隐）、“欲穷千里目，更上一层楼”（王之涣）、“朱门酒肉臭，路有冻死骨”（杜甫）。这些名句虽说是“作家个人言语作品”的性质，但是有许多已经常被引用而家喻户晓了，应该是进入了社会上广泛认同的语汇的。如果语汇的大家庭可以接受这个成员，也许可称之为“典雅语”。[①]

也有的学者提出类似的意见，认为应把“部分名句”包括到“语”之中。称：

例如“重水复疑无路，柳暗花明又一村”、“春蚕到死丝方尽，蜡炬成灰泪始干”、“高处不胜寒”等，这样的名句短小精悍，朗朗上口，经过长时间流传，实际上已经经过了重新的约定俗成，具有了超越字面的整体意义，而且在现代汉语中的使用频率很高。

……

有无作者、是否个人言语作品并不重要，应该把短小精悍、朗朗上口、在现代汉语中使用频率颇高、具有意义

---

① 见李如龙《语汇学三论》（《汉语语汇学研究》，商务印书馆，2009，11—21页；《汉语词汇学论集》，厦门大学出版社，2011，172—180页）。

整体性或警示性的名句纳入“语”之中。①

【回答】

是否可以把格言、名句(名言)合称“典雅语”归入语汇,这是一个很值得思考的问题。格言和名句(名言)向来与“语”有密切的联系。孙维张的《汉语熟语学》就是把格言和谚语放在一起,作为熟语学的研究对象。我主编的《汉语常用语词典》(上海辞书出版社,1996),也收了格言。我在该书“前言”中是这样说的:

> 这是一本收“语”不收“词”的词典。语,《辞海》和《现代汉语词典》的解释都有四个义项,其中第三个义项分别为“成语、谚语或古书中的话”、“谚语;成语”。本词典所指的“语”,基本上与此相同。不过,我们把“语”的含义再明确一些,范围再扩大一些,即不仅包括成语、谚语,还包括惯用语、歇后语和格言(其中有的是“古书中的话”)。我们之所以把惯用语、歇后语、格言也看成是“语”,因为它们在语言形式上和成语、谚语有许多共同的特点:
>
> (1)都是由词和词组合而成,有的成句,有的不成句。
>
> (2)在结构上具有相对的固定性。
>
> (3)在意义上具有相对的完整性,有的由组合成分合成,有的则不是组合成分意义的简单的总和。
>
> 因此,本词典所说的“语”,相当于词汇学上所说的“熟语”,“常用语”就是常用的熟语。本词典不用熟语这

① 见史秀菊《关于“语”和非“语”的界限问题》(《汉语语汇学研究》,商务印书馆,2009,59—68页)。

个术语，因为它有两个缺点：一是它的“知名度”还不高，还未被广大群众所接受；二是在不分 z c s 和 zh ch sh 的方言里，往往和“俗语”同音。

我主编的《现代汉语小语典》（人民教育出版社，2008）只收成语、谚语、惯用语和歇后语，没有收格言、名句（名言）。我在该书“前言”中，是这样说的：

最后，要区分语言单位和非语言单位的界限。这主要是指要注意区别谚语、惯用语和格言、名句。格言（如“人皆可以为尧舜”、“三人行，必有我师焉”）和名句（如“春风又绿江南岸，明月何时照我还”、“山重水复疑无路，柳暗花明又一村”）都有明确的作者，千百年来虽为世人所传诵，但仍然改变不了作家个人言语作品的性质，因而不属于语。然而，由于格言、名句在内容和形式上与谚语、惯用语有某些相同或相似之处，从应用上考虑，选收一些格言、名句也未尝不可。本书考虑到性质上的不同，同时限于篇幅，未收格言名句。

我主编的《新华语典》是收格言、名句（名言）的。我在该书“前言”中是这样说的：

汉语语汇学认为，语是由词和词组合成的、结构相对固定的叙述性语言单位。根据这个观点，语应包括成语、谚语、惯用语和歇后语。

实用性是指辞书编纂要考虑到读者的实际需要。这里主要涉及收不收格言和名言的问题。格言、名言从性质上看，属于言语单位，不属于语的范畴。但不可否认，它们跟语有一些相通的地方，而且有些格言、名言在一定

> 条件下，可以转化为“语”。因此，我们也把格言、名言作为收条对象。这对读者来说，可能是一种方便。

这说明，《新华语典》之所以收格言、名言是从辞书的实用性考虑的。这和《现代汉语小语典》的“前言”是一致的。

格言、名句（名言）和“语”从历史传承上看，可以转化的例子不少。宋·陆游《老学庵笔记》卷四就曾指出：“今世所道俗语，多唐以来人诗”，如：

> “何人更向死前休”，韩退之诗也；“林下何曾见一人”，灵澈诗也；“长安有贫者，为瑞不宜多”，罗隐诗也；“世乱奴欺主，年衰鬼弄人。海枯终见底，人死不知心”，杜荀鹤诗也；“事向无心得”，章碣诗也；“但有路可上，更高人也行”，龚霖诗也；“忍事敌灾星”，司空图诗也；“一朝权入手，看取令行时”，朱湾诗也；“自己情虽切，他人未肯忙”，裴说诗也；“但知行好事，莫要问前程”，冯道诗也；“在家贫亦好”，戎昱诗也。

现在看来，对格言、名句（名言）的归属确有重新审视的必要。我为《〈朱子语类〉语汇研究》（黄冬丽著，语文出版社，2016）一书撰写的序言里说：

> 格言和名言跟语确有相同之处，如：都是由词和词组合而成的；都是叙述性的单位。但也有不同之处：格言和名言的结构是固定的；格言和名言来自名人名篇，都能找到最初的出处，是个人的言语作品。
>
> 因此，如果要把格言、名言归入语，就得把语的定义修改为：大于词的、结构固定或相对固定的叙述性语言或言语单位。

这样，语就有两个定义，一个是狭义的语的定义，一个是广义的语的定义。狭义的语的定义，不包括格言、名言；广义的语的定义，包括格言、名言。

把语的定义分为狭义和广义，狭义的定义为：大于词的、结构相对固定的叙述性语言单位；广义的定义为：大于词的、结构固定或相对固定的叙述性语言或言语单位。这样来处理格言、名句（名言）的归属问题，也许不失为一种可行的思路。

应当肯定，把格言、名句（名言）归入“语”，有利于扩大语汇学的研究领域，提高语汇学的文化含量，因此，应当看成是语汇学的新进展。

【问题 2】专名词语是否可以归入语汇。

有的学者撰文，提出“专名词语的归属问题”。认为：

1. 对于四字及四字以上的专名词语，可从语素多少来考虑，把组合中含有三个以上语素的纳入语的范围，把组合中只含有一个和两个语素的视为词。如：四字的“孟什维克”和五字的“布尔什维克”都只有一个语素，“阿拉伯人”含有两个语素，均视为词；“阿拉伯数字”含有三个语素，“安全剃刀”含有四个语素，“存款准备金”含有五个语素，均视为语。

2. 我们认为，在界定新语的范围时，可以综合运用韵律学、词汇学、语法学的研究成果，首先把普通词语中较为固定的四字和四字以上的新词语划入新语范围，之后再去考察其构成情况、固定程度等。例如：四字格的“绿色食品”“灰色收入”“白色污染”“魔鬼身材”等，五字格的“未富先奢族”“经济适用房”“学历造假门”“酷炫直播间”等都该划归新语，作为语汇学的研究对象。

3. 对于普通词语中较为黏着的三字新词语，可参考韵律学对“2＋1”与“1＋2”的分析，把“1＋2”的（如“正能量”等）纳入新语范围。对“2＋1”的先按有无深层义进行区别，把有深层义或修辞义的“2＋1”（如“山寨版”等）划入新语范围，把无深层义的“2＋1”分为两种情况：一种是“2＋1”中的“1”意义较虚，通常被视为词缀或准词缀（如“巡视员”等），这样的三字格可划入词范围；另一种是成词语素与成词语素组合（即词与词的组合），“2＋1”中的“1”意义较实（如“素养男”等），类似的三字格可划入语范围。[①]

【回答】

“专名词语”，也有学者称为“专门用语”和“专名语”。关于它们的归属问题，我在《汉语语汇学》里曾经作过如下的论述：

专门用语，如农业方面的“绿色食品”、“家庭联产责任制”，工业方面的“劳动保险”、“机器制造业”，军事方面的“航空母舰”、“反弹道导弹”，医药卫生方面的“心律不齐”、“腰椎间盘突出”，等等；专名语，如“中华人民共和国”、“美利坚合众国”等国名，“黄淮平原”、“珠江三角洲”等地名，“中华人民共和国交通部”、“中国语言学会”等机

① 见程荣《语汇学的研究对象与新语的类型特点》（《世界汉语教学》2015年4期）。

关团体名，等等。

专门用语和专名语，虽然也是由词和词组成，也有固定的结构，也属于语言单位，但都表示一定的概念，属于概念性的语言单位，而不属于叙述性的语言单位。它们才真正是“词的等价物”，不是语汇成员。（见26页）

这段论述，现在看来还是正确的。

根据语素多少来划分“语”与“词”，带有明显的随意性。把“阿拉伯人”归入词，而把“阿拉伯数字”归入语，缺乏客观标准。如果含三个或三个以上语素的都归入“语”，“中国工农红军”“中国人民解放军”“中国人民政治协商会议”等都应归入“语”，这是很难被接受的。

判断“专名词语”的归属，涉及区分词和语的界限。区分语和词只能根据它们的性质，而不能根据别的。

词的定义不管有多少种，“最小的能够独立运用的语言单位”则是公认的；语的定义的核心是大于词的叙述性语言单位。因此，区分语与词可以采用形式与意义相结合的标准：

1. 形式上是“最小的”，在意义上是概念性的，是“词”；

2. 在形式上大于词，在意义上是叙述性的，是“语”；

3. 在形式上大于词，在意义上是概念性的，是“词的等价物”，归入“词”。

这三条标准，总体来说，实践证明是有效的。但语言的实际情况是很复杂的，很难“一刀切”，下面几种情况就是这样，其中有两字格的，也有三、四、五字格的。

两字格的，一般采用动宾结构，如：拍马、吹牛、装蒜、扯腿、吃醋、牵线、搭桥等。有的学者认为它们是语（惯用语），有的学者认为是词，或者说已经“词化”。这个问题，我在《汉语语汇学》(236—237页)里曾经论及，同意把它们归入语(惯用语)，理由就是它们符合上述第2个标准。然而，《现代汉语词典》第5、6、7版，都把它们标成动词。说明它们处于词和语的交叉地带，具有“两可”的性质。有的学者，认为它们已经“词化”，也有道理。

三字格的，有三种类型：

A类：采用动宾结构，如：穿小鞋、走后门、碰钉子、闯红灯、炒冷饭、打埋伏等。

B类：采用定中结构，如：落水狗、闭门羹、定心丸、对台戏、冷板凳、乌纱帽等。

C类：新生的，如“××门”(如：艳照门、质量门、电话门等)、“××代”(如：富二代、官二代、独二代等)、“云××”(如：云计算、云出版、云营销等)、“山寨×”(如：山寨版、山寨货等)、“吃××”(如：吃老公、吃公款、吃工程等)。

A类，多数学者认为是语(惯用语)，只有个别学者认为是词。我们认为，它符合上述第2条标准，应该属于语(惯用语)。B类虽然带有比喻性质，但在意义上具有概念性，《现代汉语词典》第5、6、7版，都把它们标成名词，这是正确的。它们只有加上适当的动词，在语义上构成叙述性，如：打落水狗、吃闭门羹、吃定心丸、唱对台戏、坐冷板凳、丢乌纱帽，才是语(惯用语)。C类是新生的，《现代汉语词典》(第7版)收了“云计算”，标明是动词，其他都未收。是词还是语，不妨再观察一段时间。目前，我倾向于认为它们是词。

四字格的，一般采用定中结构，如“绿色食品”“灰色收入”

"白色污染""黄金时间""草根歌手""魔鬼身材""山寨文化"等。它们的共同点,是在形式上大于词,而且采取"二二相承"的格式,前一部分是定语,多采用比喻;后一部分是名词,很像成语;但它们在意义上是概念性的,符合上述第三条标准,应当归入词,而不是语。

五字格的,如"未富先奢族""经济适用房""学历造假门""酷炫直播间"等。包括《现代汉语词典》(第7版)等词典,都未收,从性质上看,也符合上述第三条标准,以归入词为宜。

【问题3】语汇的范围是否太窄。

有的学者认为语汇的范围"太窄"。称:

> 汉语词的分类尚有名、动、形、数、量、代、副、介、连、助、叹等十余种,而语的分类仅有谚语、惯用语、成语、歇后语4种,是否过窄,显得薄弱不丰满。传统语言中的典故、俚语、詈语、行业术语、隐语、名言隽语等有鲜明特色的,与普通词组或句子有显著区别,也应该是语的成员,语类应尽量多一些。[①]

【回答】

希望语汇范围能扩大一些,这个愿望是好的。提出把"名言隽语"归入语汇,如果它相当于格言、名句(名言),如前所说,我是同意的,至于建议把典故、俚语、詈语、行业术语、隐语等归入语,就值得商榷了。

---

① 见乔永《汉语语汇研究的思考》(《汉语语汇学研究》,商务印书馆,2009,107—117页)。

先说典故。《现代汉语规范词典》(李行健主编,外语教学与研究出版社、语文出版社,2014)第3版对“典故”的解释是:诗文等中引用的有来历出处的词语或古代故事,一般由固定的词语构成。比较众多辞书对“典故”的解释,这个解释看来是比较准确的。这说明典故是以“词”或者“语”的形式体现的。典故“推敲”“鸡肋”是词,典故“三人成虎”“半部论语治天下”是“语”。因此,对典故要进行具体分析,不能把典故整体性地归入“语”。

俚语,按《现代汉语词典》(第7版)的解释是:“粗俗的或通行面极窄的方言词,如北京话里的‘撒丫子’(放开步子跑)、‘开瓢儿’(脑袋被打破)。”这说明,俚语具有方言性,属于方言语汇研究的范畴。而我们所说的语汇,主要是指民族共同语的语汇。

“詈语”虽然称为“语”,实际上多数是词,因此多称为“詈词”或“詈辞”。研究这方面的论著不很多。有一本《汉语詈词研究》(刘福根著,浙江人民出版社,2008),书名用的是“詈词”,所论的对象大部分是词,只有“蝇营狗苟”“鼠窃狗偷”“奴唇婢舌”等少数是语。可见,不能整体地把“詈语”归入语汇。

行业术语,也叫“行业语”“行话”。《现代汉语词典》(第7版)的解释是:“某个行业的专门用语(一般人不大理解的)。”行业术语,虽然称“语”,其实大部分是词,如:切削、模具、冷焊、钻床(工业),盘点、脱销、促销、清仓(商业),中锋、后卫、点球、二传手(体育)等。可见“行业术语”不能归入语汇。

隐语,《现代汉语词典》(第7版)的解释是:“①不把要说的意思明说出来,而借用别的话来表示,古代称作隐语,类似后世的谜语。②黑话;暗语。”按前一个义项,隐语明显不属于语汇;按后一个义项,也不属于语汇。黑话,《现代汉语词典》(第7版)的解释是:“①帮会、流氓、盗匪等所使用的暗语。②指反动而隐晦的话。”暗语,《现代汉语词典》(第7版)的解释是:“彼此约定的秘密话。”这说明黑话、暗语都缺乏社会性。不属于民族共同语,不能归入语汇。

至于说“汉语词的分类尚有名、动、形、数、量、代、副、介、连、助、叹等十余种,而语的分类仅有谚语、惯用语、成语、歇后语4种,是否过窄”,这是一种误会。词虽然可以分为十几类,但只有名词、动词、形容词等实词是“开放类”,副词、介词、连词、助词、语气词等虚词都属于“封闭类”,其成员数量有限,可以穷尽性地列举。(参见朱德熙《语法讲义》,商务印书馆,2005,40页)而语汇里的成语、谚语、惯用语和歇后语都是“开放类”,都可以再分类,形成自己的系统,其数量浩如烟海。我曾经说过:语汇不仅是一个系统,而且是一个庞大的系统。

在讨论语汇范围的时候,有一个问题时常萦回在我的脑际,这里我想提出来讨论。这就是关于“流行语”的问题。流行语,《现代汉语词典》(第7版)解释为“某一时期社会上广泛流行的语汇”。其实,流行语往往只是流行在社会上某一部分的群体。如“台上他说,台下说他”“上有政策,下有对策”“清茶报纸二郎腿,闲聊旁观混光阴”“靠着墙根晒太阳,等着别人送小康”等。这类流行语具有评论性和时效性,而缺乏谚语的知识性。

流行语,也是源远流长,先秦文献就有记载。如《尚书·汤誓》:“夏王率(率:语助词,无义,下同)遏(遏:读作“竭”,竭尽之意）众力，率割（割：剥削）夏邑。有众率怠弗协，曰：'时日曷丧？予及汝皆亡。'"这里的"时日曷丧？予及汝皆亡"（意思是：这个太阳什么时候消失，我们愿意同你一道灭亡），其实就是当时的流行语。

流行语很容易被看成是谚语。如《孟子·梁惠王下》："夏谚曰：'吾王不游，吾何以休？吾王不豫，吾何以助？一游一豫，为诸侯度。'"这里所引的"夏谚"，不同于一般的谚语，实际上也是当时的流行时。

后来，流行语常称作"时人语"或"时语"，如：

《史记·宁成传异文》：宁成为汉中尉，严酷，时人语曰："谨上操下，如束湿薪。"

《新唐书·罗绍威传》："时语曰：'长安天子，魏府牙军。'谓其势强也。"

"时人语"或"时语"，在史书里有大量记载。我主编的《中国俗语大辞典》（上海辞书出版社，1989）收录了不少，2011年再版时全都删去。但是流行语是客观存在，或可归入语汇，作为语汇的一类。它的性质和作用，有待进一步研究。（参阅孟肇咏《论古时语》，《运城学院学报》2008年1期）

肆　关于“熟语”的名称

在《汉语语汇学》里，我们曾建议不要用“熟语”这个术语，用“语汇”来代替它。理由是，科学术语的前提条件是概念必须明确。“熟语”概念的模糊性和实际使用中的随意性和不确定性，使它失去作为科学术语的必要条件，而“语汇”则概念明确。

2008年10月，在河北大学举行的“第七届全国汉语词汇学学术研讨会”上，我宣读了《再论语词分立》一文，认为“熟语”这个术语之所以具有模糊性，有以下几个原因：

1. 先天不足。

2. 含义不清。

3. 水土不服。

由此，“再次倡议用概念明确的‘语汇’来替代内涵模糊的‘熟语’”。

【问题1】学术论著是否可以用比喻

有学者提出用“比喻性”的理由，缺乏“严肃的科学性”。称：

温端政（2005b）主张弃“熟语”这个术语，而代之以概念明确的“语汇”。主要理由是，“熟语”这个术语本身具有模糊性和实际使用中的随意性和不确定性。温端政

(2010)就“熟语”的所谓模糊性，又说出三点原因：“（1）先天不足；（2）含义不清；（3）水土不服。”“熟语”是个使用既久的术语，温先生废掉它的三个理由，本身多是比喻性的，不让人感到有很严肃的科学性。学界使用既久的“熟语”是个相对于“语”的集合性概念，就如同“词汇”相对于“词”一样。为部分学者和机构惯用的“语汇”，虽然从字面上看更适合于作“语”的集合性概念，但是它早已作为“词汇”的异名同实词先期占位(周荐，2011)，也是无可奈何的事。与其废掉“熟语”，再将“语汇”由“词汇”的异名同实身份转指语之汇，毋宁仍令它们各安其位——让“熟语”表示语之汇，让“语汇”与“词汇”同表词语之汇，庶不致因术语转指存废而引起较大的思想混乱。①

【回答】

我认为“熟语”这个术语“先天不足”，主要意思是想说明它的根基差。

一般认为，“熟语”这个术语是20世纪50年代从俄语фраэеология译借过来的。据考证，фраэеология源自希腊语phrasis和logos，直译为“短语学”，18世纪从法语移入俄语，是一个多义词。时代出版社1956年版《俄华大辞典》作：①成语；②措词法；③好听的空话。商务印书馆1963年版《俄汉大辞典》作：①成语，成语学；②语言风格，用语(某人某团体或某

---

① 见周荐《语词分合问题引发的若干思考》(《世界汉语教学》2014年4期)。

一时期所特有表达意思的方式）；③空泛的词藻，漂亮的空话。都是有三个义项。

当时俄语言学界对“熟语”这个词也有不同的理解，如：С. И.Ожегов1957年提出“广义的熟语”和“狭义的熟语”的概念，他认为“广义的熟语”是指组合性熟语和谚语、俗语、名言等；而“狭义的熟语”指类词词语（即溶合性熟语和接合性熟语）；Н. М. Шанский认为“俄语熟语学的研究对象是熟语，是在语义上与词等价的词的固定组合，以及在语义和结构上是句子的词的固定组合，即所有再现性单位”；А. N. Молотков认为“熟语是词的等价物”，“它在意义上是词，在形式上是词组”，“是有转义的词的组合”，“具有隐喻性、形象性和情感色彩。”（见吴芳《俄汉熟语概念的对比分析》，《中国俄语教学》第25卷第1期，2006年2月）可见，фраэеология这个词的含义，在俄语里就没有形成统一的认识。

由此可见，说“熟语”这个术语“先天不足”是有根据的。

我说“熟语”这个术语“含义不清”，是指汉语里的“语”并不存在“生熟”问题，就像词没有“生熟”问题一样。

到底什么叫“熟”，就很费解。研究熟语的著名学者武占坤在《汉语熟语通论》（修订版，河北大学出版社，2007，5页）里说：“熟语姓‘熟’，为人们熟识、熟记、熟知、熟用，总之是以‘熟’为性就是了。”说“熟语姓‘熟’，以‘熟’为性”，并没有说清楚“熟语”的性质，因此“熟语”的概念，始终是模糊的。在20世纪的50—70年代，有的学者把它作为“种概念”，有的学者把它作为“属概念”。前者如北京师范大学出版的《语言学概论》（1957）说：“就现代汉语的惯用语来说，可以分为熟语、成语、歇后语和谚语几小类。”后者如胡裕树主编的《现代汉语》（修订本，上海教育出版社，1979，270页），认为“熟语的范围相当广，包括惯用语、成语、歇后语、谚语、格言等”。正如有的学者所说的：“‘熟语’这个术语本身是个模糊概念，而且它同其它固定词组同中有异，异中有同。多着眼于‘异’，则‘熟语’与其它固定词组并列；多着眼于同，则‘熟语’包容了其他固定词组。而且彼此同异程度又不尽一致，分合划界也费斟酌。”（见许威汉《二十世纪汉语词汇学》，书海出版社，2000，290页）

这种模糊不清的状况，一直延续到今天。这里只举三个例子：

一是黄伯荣、廖序东主编的《现代汉语》（增订四版，高等教育出版社，2011），该书第四章“词汇”第七节“熟语”，只包括成语、惯用语、歇后语三类。

二是周荐《熟语分类论》（《立命馆言语文化研究》12卷4号，2001年，京都），该文把“熟语”分为七类：成语、专名语、专门词语、格言（警句）、谚语、歇后语、惯用语。其中，成语、专名语、专门词语合称“雅言”，谚语、歇后语、惯用语合称“俗语”，格言（警句）兼属二者。

三是刘叔新《汉语描写词汇学》一书，该书第四部分第八节“现代汉语的 idioms——习用语”，把“熟语”分为十一类：谚语、格言、警语、套语、成句子的俚语、成语、惯用语、歇后语、专门用语、专名语、准固定语。其中，格言、警语合称“名言”；谚语、名言、套语、成句子的俚语合称“言语的：常语”，成语、惯用语、歇后语、专门用语、专名语、准固定语合称“语言的：固定语”。

同是“熟语”，少则仅含三类，多则包含七或十一类。内涵差异如此之大，这不是“含义不清”的最好证明吗？

我说“熟语”这个术语“水土不服”，是指它不适应汉语的实际。

“熟语”这个术语从俄语译借过来的，有的文献并不采用。如词汇学早期的两本具有奠基性的重要著作《汉语词汇》(孙常叙，吉林人民出版社，1956)和《汉语词汇讲话》(周祖谟，人民教育出版社，1959)，并没有出现“熟语”这个术语。

有一些重要文献也未采用“熟语”这个名称。科学出版社1965年出版的中国科学院语言研究所编的《中国语言学论文索引》(甲编)，在论文分类上，“谚语”自成一类，“成语、俗语”列在“词汇、词义”类下面，“歇后语”归入“修辞”类。该社1969年出版的《中国语言学论文索引》(乙编)，也没有出现“熟语”，而把成语、谚语、歇后语作为“特种词汇”的一部分，列在“汉语词汇”类下面。2003、2004年商务印书馆出版的《中国语言学论文索引》(1991—1995)和《中国语文》索引(1952—2002)，在论文分类上还是没有出现“熟语”，而是基本沿用《中国语言学论文索引》(乙编)做法。

这种情况说明，“熟语”这个“舶来品”，是否能够融入汉语，还是一个有待观察的问题。

“先天不足”“水土不服”，是带有比喻性。学术讨论是不是绝对不能运用“比喻”，一用比喻就是缺乏“严肃的科学性”呢？这也未必。王力先生曾经说过：“一种语言的语音的系统性和语法的系统性都是容易体会到的，唯有词汇的系统性往往被人们忽视了，以为词汇里面一个个的词好像是一盘散沙。

其实词与词之间是密切联系着的。”（见《汉语史稿》，科学出版社，1958，545页）这里的“一盘散沙”不就是比喻么？

【问题2】用“语汇”代替“熟语”，是否会引起认识上的混乱。

有学者撰文称：

> 在熟语的问题上还有一种意见，就是曾有学者将“语汇”与“词汇”，“语汇学”与“词汇学”这些异名同实的单位，作为全然不同的另外的学科术语来使用，认为“语汇”是熟语的总汇，“语汇学”是对熟语的研究。这样的认识，易于引起认识上的混乱，不能得到学界的普遍认可。无论是作为句子成分还是作为词汇单位，熟语和词均无显著区别，因此有学者的著作将本该称作“词汇”之处改称“语汇”，以使之与“语法”“语音”一致起来。学界也很早就有人将熟语称作“特殊词汇”。“特殊”二字多少道出了问题的实质。传统上和现实上，绝大多数学者都将熟语纳入词汇学领域，或将“熟语”作为“词汇”的下位单位或次类看待的。因此，将熟语研究从词汇学中切割出来使之独立，再把与“词汇”异名同实的“语汇”剥离出来指称那些熟语，殊无必要。①

【回答】

语和词“分立”后，就产生了一个问题，就是如何称呼语的总汇和词的总汇？“词”的总汇称为“词汇”，由来已久，没有也不会有什么争议。“语”的总汇叫什么？上文主张采用“熟

---

① 见周荐《词汇论》（商务印书馆，2016，33页）。

语”,并把它作为词汇的“下位单位或次类看待”。认为“将熟语研究从词汇学中切割出来使之独立,再把与‘词汇’异名同实的‘语汇’剥离出来指称那些熟语,殊无必要”,“易于引起认识上的混乱”。在这里,“剥离”二字颇为费解,似乎是指我们主张用“语汇”替代“熟语”是一种人为的强加的做法。

可是,遗憾的是,“熟语”这个术语确有许多致命的弱点,其中最主要的是它内涵的模糊性和实际使用中的随意性和不确定性。因此不能不用“语汇”来代替它。

大家知道,科学术语的前提是概念必须明确。“熟语”概念的模糊性,使主张不用这个术语的学者越来越多。华东师范大学沈玮的博士学位论文《论汉语俗语的文学图像》(2009.10.1,后由世界图书出版公司于2010年11月正式出版,书名为《汉语俗语的文学图像》)就具有代表性。该文指出,“熟语”这一术语“自身有诸多不足之处”,并提出以下四个理由:

1. 语汇的生熟度很难准确地加以区分;

2. “熟语”的概念和范畴本身不明确;

3. 从音韵学角度看,这个外来术语“熟语”和由来已久的本土术语“俗语”发音极易混淆;

4. “熟语”与“俗语”的范畴有交叉。

该文认为:“作为一个后起的术语,‘熟语’在我国语言学界虽然已经得到了一定的认同,但我们认为它的引进不但无助于研究的深入,反倒徒增出许多无谓的障碍,把本来已经不简单的问题更加复杂化了,因此还是取消为妙。”

该文所列的四个理由中,第二个理由和我们的认识是一致的。不过该文提出“取消”二字,难以苟同。毕竟“熟语”这一术语的引进和使用，从20世纪50年代算起，已经几十年了。以“熟语”为研究对象的，不仅有许多论文，而且有许多专著。许多重要的工具书，都收有“熟语”条。特别是现行的高等学校的《现代汉语》教材，几乎没有例外地用“熟语”这个术语。在这种情况下，提出“取消”它，是不可能做到的。

我们的意见是用“语汇”来逐步代替“熟语”。这有以下几个好处：

一是概念对称。词的总汇叫“词汇”，语的总汇叫“语汇”，顺理成章。如果用“熟语”来指称语的总汇，与“词汇”就不对称。与“熟语”对称的应当是“生语”，可是“语”并不存在生、熟问题。

二是内涵明确。“语汇”是语的总汇，概念明确，内涵清晰。“熟语”则不然。除了上面提到的已故熟语研究著名学者武占坤对“熟语”的“熟”外，另一位熟语研究的著名学者王勤对“熟语”的“属性”是这样说明的：

> 熟语是由词按照一定的规则组合起来的，是形式和内容的统一体。形式有语音形式和结构形式，内容有核心意义、色彩意义和风格意义。这个统一体在长期运用中铸就了特定的交际功能，奠定了它在词汇材料的特殊地位，成为人们喜闻乐见的交际材料，同时也显现出其鲜明的特性：构成上的定型性，语义上的融合性，风格上的民族性，功能上的整体性，语用上的现成性，品种上的多样性。
>
> ——见《汉语熟语论》，山东教育出版社，2006年，18页

尽管费了这么多文字，人们看了还是不得要领，不明白

“熟语”的确切定义。

三是避免术语浪费。周文称：“为部分学者和机构惯用的‘语汇’，虽然从字面上看更适合于作‘语’的集合性概念，但是它早已作为‘词汇’的异名同实词先期占位，也是无可奈何的事。”既然承认“先期占位”是无可奈何，为何不可以加以改变呢？要知道两个“异名同实”术语的存在，既是术语的浪费，也不符合术语的本质特征。《辞海》（第六版）“术语”条称：“每个术语都有严格规定的意义。”用“词汇”和“语汇”分别指“词的总汇”和“语的总汇”，既避免了术语的浪费，又使“词汇”和“语汇”这两个术语各有“严格规定的意义”，岂不两全其美！

科学研究的精髓在于创新，在于敢于打破旧的、不合理的现象，提出更加合理的主张。

伍　关于"语"的分类

我在《汉语语汇学》里对语的分类作了新的尝试：从两个层面进行，第一个层面，根据语的叙述性特征，以叙述方式为标准，把语分为三种类型：表述语、描述语和引述语。表述语的特点是具有知识性，谚语属于表述语。描述语的特点是描述人或事物的形象和状态，描述行为动作的形状，不具有知识性，惯用语属于描述语。引述语的特点，是由引子和注释性叙述两个部分组成，它的惯用名称是歇后语。第二个层面以语法、语义或语音结构是否"二二相承"为标准把成语从表述语和描述语里划分出来。这样，成语可以定义为"二二相承的描述语和表述语"。谚语和惯用语可以分别定义为非"二二相承"的表述语和非"二二相承"的描述语。

【问题 1】用"二二相承"来界定成语，是否能涵盖成语的全部。

有的学者撰文称：

吕叔湘先生(1987:245)说"成语……是以四字语，尤其是二二相承的四字语为主"。"为主"，就是"二二相承"占成语的80%左右。而温端政先生(2006:225)把"二二相承""发展"为决定性条件之一。什么是"二二相承"？温先生说是"音步"。接着又说"在语法、语义结构，或语音结构上采取'二二相承'格式"，看来"二二相承"还表现在语法和语义结构上。这样会把近 20 % 的公认成语排除在成语之外。如：踌躇满志，孤苦伶仃(以上三个语素的占 3%多)，伯仲叔季(四个语素的占近 0.5%)，半途而废(2+1+1 式)，坐以待毙(1+1+2 式，以上两式共占 3%多)，等等。[①]

【回答】

说用“二二相承”来界定成语，只能占成语的 80%左右，像“踌躇满志”“孤苦伶仃”“伯仲叔季”“半途而废”“坐以待毙”，等等，都会被排除在外。这是一种误会。

我们在阐述“二二相承”时，指出它有两个含义，一是不论语法结构还是语音结构都采取“二二相承”式；二是语法结构虽然不是“二二相承”式，但语音结构或习惯读音仍是“二二相承”式。前者属于完全意义上的“二二相承”式，后者属于不完全意义上的“二二相承”式。据此，我们可以把成语的结构分为两大类型：完全“二二相承”式和不完全“二二相承”式。不完全“二二相承”式，从内部结构关系上看，可分为以下几种类型：主谓关系型，述宾关系型，述补关系型，偏正关系型，连动关系型。

以语音结构或习惯读音来审视“二二相承”，最初是孙维张在《汉语熟语学》里提出来的。他认为“青红皂白”“喜怒哀乐”一类成语，“从语义上划分是四个单位，每个单位是一个音节，是四个相等的节拍，成了一一一一式，但从语音上看，仍可

① 见张绍骐、张志毅的《简单枚举和定量分析——成语和惯用语典型群的建立》(《汉语语汇学研究》，商务印书馆，2009，176—182 页)。

以划成二二式”;“无本之木”“胸有成竹”“大而无当”“曾几何时”“言人人殊”等,“从语义结构来看,都不是二二式,但由于受其他成语的影响,音步的划分也是按二二式进行的,在人们的口头中已经形成了习惯,人们一般已不大注意其语义结构的划分了”。(见吉林教育出版社,1989,105—108页)

晁继周《熟语的分类和词典收语问题》(《汉语语汇学研究》,商务印书馆,2009,99—106页)一文也说:

> 四字格成语,读起来节律上都是二二相承的。有些成语在结构上不能分成AB—CD,读起来仍要按二二相承来读。比如,“作壁上观”,结构是A—BCD;“一衣带水”,结构是A—BC—D;“饥不择食”,结构是A—BC—D。这些成语结构虽然不同,但读起来的节律都是AB—CD。用这一条标准,可以把成语和其他四字熟语区分开来。成语以外的四字熟语,读音节奏都是按熟语内部结构来确定的,如“吃大锅饭、喝西北风、打马虎眼”等,只能按照内部结构读成A—BCD,而不是像成语那样,一律读成AB—CD。

吴宗济先生曾经做过科学实验。他在《现代汉语语音概要》(华语教学出版社,1991,172页)一书里说:

> 四字组合按语法结构来说,有双加双格、双单单格、单单双格、三加单格、单加三格和四单格,按理应该各照它的结构来变调,事实上由于语流的节奏感关系,双加双格以外的四字组合常常也按双加双格来变调。例如一个四字组“鸟语花香”,当然是双双格,但是“大有可为”,在语法上应该是单加三格,“大”修饰“有可为”,但实际在口

语中作为双双格，把前二字成一组，后二字成一组，各按双音节调型来变调。又如“尽力而为”，这是双单单格，“而”在这里是连接前后的虚词，在连读中“尽力”是一组，“为”是单字组，用“而”来连接，也有“去”的意思（尽力去做），在口气上应该轻轻带过。但连读中如果稍要强调一些，“而为”就成了一个二字组的调型，而同双双格的变调一样了。至于四字的并列格，即四单格，一般也按双双格变调，如“阴阳上去”“男女老少”。

以上论述足以说明，张文所提的“踌躇满志、孤苦伶仃、伯仲叔季、半途而废、坐以待毙”等完全可以纳入“二二相承”的范围，属于成语。

用“二二相承”来界定成语，成语类辞书编纂的实践证明是有效的。

上海辞书出版社 2007 年新一版《中国成语大辞典》的收条就采用了新标准。该书《出版说明》称：“新一版与时俱进，精益求精，吸收多年来成语语汇研究的成果；实施学术规范，只收成语，删汰结构松散的四字组合，去掉非四字组合，补充了一部分颇有查检价值的成语，使收条总量与第一版基本一致。”以收条数较少的 E 字母为例，旧版共收 109 条，新一版删去了其中非四字语的“恶事传千里”“恶事行千里”“恶作剧”“饿死事小，失节事大”“尔汝交”“耳边风”“耳旁风”“耳闻不如目见”“耳闻不如眼见”“二人同心，其利断金”“二桃杀三士”，增收了“二二相承”的四字语“阿弥陀佛”“娥眉曼睩”“扼喉抚背”“扼腕长叹”“恶有恶报”“饿虎攒羊”“恩威并济”“恩威兼济”“恩怨分明”“儿女夫妻”“耳热酒酣”“耳食之徒”“耳提面海”。这样就使该书面貌一新。

上海辞书出版社 2014 年出版的《成语辞海》(冷玉龙等主编),在收条上,更加明确地以“二二相承”为原则。该书的“前言”称:

> 我们注意到了温端政先生《汉语语汇学》和《汉语语汇学教程》所提出的观点。这一观点认为:
>
> 成语是四字结构的表述语和四字结构的描述语的合称。它由前后相承的两个二二节拍的音步构成,因此又可以说它是“二二相承”的表述语和“二二相承”的描述语的合称。所谓四字结构,是指成语在字数上都是由四个字构成的语言单位,少于或多于四字都不属于成语。如“一窝蜂”、“走后门”、“时势造英雄”、“不打不相识”等,前两个是惯用语,后两个是谚语。所谓“二二相承”,是就成语阅读时的韵律节拍而言。否则,即使是四字格,也不属于成语,如“喝西北风”、“捅马蜂窝”、“旁观者清”、“当局者迷”,前两个是“一三”音步的惯用语,后两个是“三一”音步的谚语。此外,成语在结构上还具有相对固定性。否则,即使是四字格,也不属于成语。如“勤劳勇敢”、“请客吃饭”、“前后左右”、“花鸟虫鱼”等,它们都是自由词组。最后一点则是,成语在语义表达上都是叙述性的语言单位,否则,即使是“二二相承”的语言单位,也不属于成语。如“北京大学”、“朝鲜半岛”、“新闻联播”、“抗日战争”等,它们都是概念性的语言单位,而不是叙述性的语言单位。

该说从内容和形式两方面对成语作了界定,并对成语与谚语、惯用语、歇后语的区别作了合理说明，具有可操作性。无疑是近年来我们所见到的成语研究理论中极具说服力、很值得称道的一种。本书选条立目大多以此为依据。

该书共收成语61000条，收条数创同类辞书之最。证明用“二二相承”来界定成语，可以覆盖成语的全部。

【问题2】只凭意义来划分谚语和惯用语是否容易陷入主观。

有的学者撰文称：

概念的界定和划分是学科研究的重要任务，是学科成立的重要标志。“语是由词和词组合成的、结构相对固定的、具有多种功能的叙述性语言单位。”语的这种定义比较科学和清晰，也比较便于读者掌握，用这一定义，很容易把语和词区分开来。但是，对各种语类的定义现在还不够精密，还嫌过于简单。如：谚语是“非二二相承的表述语”，惯用语是“非二二相承的描述语”。这样的定义，对专业工作者来说，也略嫌模糊，不便把握，对一般读者可能会更加困难一些。表述语和描述语，必须从意义上区分，而对于表述和描述，可能人言人殊。譬如“车走车路，马行马道”，既可以理解为：车总是走车的路，马总是走马的路，表述一种客观经验，比喻品质不同的人总是走不同的路；也可以理解为车走它车的路，马走它马的路，比喻各走各的路，互不干预，这显然是描述事物的某一性状，这便属于惯用语了。从意义出发进行科学划分，必然更多地依赖于人的主观感觉，而主观有时会因人因事而异，最可靠的办法是把意义和形式结合起来。对成语的界定就比较符合这一要求。[1]

还有的学者撰文称：

为了验证意义标准的区分度，我们在小范围内做了一个语感调查的测试。我们从《汉语语汇学》里随机挑选出39个常用的语汇，让大学三年级、研究生一年级的13个学生按意义标准给语汇归类。

从理论上来说，启用"表述语"、"描述语"确实能区分不同的语类。但各语汇之间的区分度不大相同，有的好分辨，有的则难以辨别。比如，按照《汉语语汇学》的分类标准，认为"猴子屁股，坐不住"是表述语。在调查中，我们发现，许多测试者对这种归属表示了自己的看法。判定"猴子屁股，坐不住"是表述语的人认为，它告诉我们"像猴子一样活蹦乱跳的人常常不安分"的道理；判定"猴子屁股，坐不住"是描述语的人则认为，它描述了"像猴子一样活蹦乱跳的人不安分"的样子。前者认为"猴子屁股"与"坐不住"之间隐约传递出判断的意味，后者认为"猴子屁股"与"坐不住"之间偏向于描述状态。只要细细揣摩语义，我们不难得出和书中相同的归类，但我们确实也看到，持不同意见的人展示了语义的另一重阐释空间。[2]

---

① 见李行杰的《语词分立势在必行》（《汉语语汇学研究》，商务印书馆，2009，33—41页）。

② 见马贝加、朱赛萍《汉语语汇学的开山力作——评〈汉语语汇学〉》（《汉语语汇学研究》，商务印书馆，2009，390—396页）。

【回答】

在这里首先碰到的问题,是什么是惯用语?这个问题,学界争论最多,有人用"众说纷纭,莫衷一是"来形容。

我们在《惯用语》(商务印书馆,2014)一书里曾列出八种说法:

第一种,认为惯用语在结构上以三音节动宾结构为主,在意义上具有双层性。以马国凡为代表。

第二种,认为"惯用语是具有超字面意义的语义功能,三言口语化习用短小的固定词组"。以王勤为代表。

第三种,也认为惯用语在结构形式上以动宾结构的三字格为主体,但把"阿Q、祝英台、智多星、及时雨"等看成是惯用语。以王德春为代表。

第四种,认为惯用语结构成分固定,在意义上不具有双层性。以刘叔新为代表。

第五种,认为"惯用语是词的等价物"。以陈光磊为代表。

第六种,认为惯用语是一种描绘性的熟语,结构灵活多样,音节构成上有多有少,不限于三音节。以孙维张为代表。

第七种,认为惯用语在意义上具有整体性,在结构上不受"三字格"限制。以吕冀平、戴昭铭、张家骅为代表。

第八种,把"笑面虎"、"打秋风"、"穿小鞋"等"三字格"都划归词,认为惯用语只能是非三字格的一部分俗语。持这种意见的,以周荐为代表。

为看清这八种意见的异同,我们举出一些相关的语言单位作为例子,列表进行比较(格里无字的,指未表态):

<table>
<tr><th>意见
类别
例子</th><th>第一种</th><th>第二种</th><th>第三种</th><th>第四种</th><th>第五种</th><th>第六种</th><th>第七种</th><th>第八种</th></tr>
<tr><td>穿小鞋</td><td>惯用语</td><td>惯用语</td><td>惯用语</td><td>成语</td><td>惯用语</td><td>惯用语</td><td>惯用语</td><td>词</td></tr>
<tr><td>从容不迫</td><td>成语</td><td>成语</td><td>成语</td><td>惯用语</td><td>成语</td><td>成语</td><td>成语</td><td>成语</td></tr>
<tr><td>西施</td><td>词</td><td>词</td><td>惯用语</td><td>词</td><td>词</td><td>词</td><td>词</td><td>词</td></tr>
<tr><td>铁公鸡</td><td>词</td><td>词</td><td>词</td><td>词</td><td>惯用语</td><td>词</td><td>词</td><td>词</td></tr>
<tr><td>唱对台戏</td><td>惯用语</td><td rowspan="4">俗语</td><td>惯用语</td><td rowspan="2">成语</td><td>惯用语</td><td>惯用语</td><td>惯用语</td><td>惯用语</td></tr>
<tr><td>碰一鼻子灰</td><td>惯用语</td><td>惯用语</td><td>惯用语</td><td>惯用语</td><td>惯用语</td><td>惯用语</td></tr>
<tr><td>一块石头落地</td><td rowspan="2">修辞谚</td><td>惯用语</td><td rowspan="2">成句子的俚语</td><td rowspan="2"></td><td>惯用语</td><td>惯用语</td><td>惯用语</td></tr>
<tr><td>你走你的阳关道，我走我的独木桥</td><td></td><td>惯用语</td><td></td><td>惯用语</td></tr>
</table>

从上表中可以看出，有的意见不仅不一致，而且还相互对立。如第一种意见认为惯用语以三字格（如“穿小鞋”）为主，第二种意见认为惯用语只能是三字格，而第八种意见则认为三字格都是词，连语都不是。第四种意见，以有无双层意义为标准来划分成语和惯用语，结果恰好与其他几种意见恰恰相反。

在这种情况下，有的学者就认为惯用语“没有自身积极的区别性特征”，不好给惯用语下一个明确的定义，只能是把“固定语中除去各种各有独特点的类别，余下的部分……确定为惯用语”。（见刘叔新《汉语描写词汇学》重排本，商务印书馆，2005，155页）

我们认为，之所以出现这种情况，根本原因，是因为他们大多就惯用语论惯用语，不大注意把惯用语放到汉语语汇的整体中去观察。因此，要探究惯用语的性质和范围，必须改变这种情况。

早在1989年，我在《中国俗语大辞典·前言》中就认为惯用语在结构上可以分为两种类型，一类是不表示完整意思的词组，如："碰钉子""喝西北风""坐山观虎斗""拆东墙补西墙""不管三七二十一""不知葫芦里卖的什么药"等；一类是表示完整意思的句子，如："生米煮成熟饭""哪一壶不开提哪一壶""公说公有理，婆说婆有理"等。后一类在形式上同谚语没有什么区别，只是在内容上属于描述性，缺乏谚语所具有的知识性。

在《汉语语汇学》里，我们把惯用语定义为"非'二二相承'的描述语"。现在看来，这是最好的选择。不过，这样一来，会产生如何与定义为"非'二二相承的表述语"的谚语的区别问题。

谚语都是采用表示完整意思的句子形式，因此，表示不完整意思、采用词组形式的惯用语，可以凭形式与谚语区分开来。只是采用句子形式的惯用语与谚语，不能在形式上区分开来，而只能凭意义来区别：惯用语是描述性的，不具有知识性；谚语是表述性的，具有知识性。

试比较：

【心急碰上热豆腐】我只好老老实实地趴在桌子上做题目，偏偏心急碰上热豆腐，有一道题怎么也做不出来。（周毅如《聚龙里轶事》一三）

【心急吃不了热豆腐】遇见事呢，要好好琢磨琢磨，性急可不行，这心急吃不了热豆腐。（《薛仁贵征东》六〇回）

【有的向灯，有的向火】因为意见不同，我们还吵过

嘴。俗话说："有的向灯，有的向火。"一点也不错。（老舍《毛毛虫》）

【有向灯的，就有向火的】俗话说得好："有向灯的，就有向火的。"等你和他们的账算清了，就算咱们的也不为迟。（家文等《独臂武松》一五回）

"心急碰上热豆腐"和"有的向灯，有的向火"在意义上是描述性的，属于惯用语；"心急吃不了热豆腐"和"有向灯的，就有向火的"在意义上是表述性的，属于谚语。这说明同是采用句子形式的惯用语和谚语，是可以根据意义进行区别的。

辞书编纂的实践也证明了这一点。我主编的《新华惯用语词典》和《新华谚语词典》分别收惯用语约4500条，谚语约5000条，基本上没有交叉现象；我和吴建生联合主编的《中国惯用语大辞典》收惯用语约11000条，我主编的《中国谚语大辞典》收谚语约17800条，也是基本上没有交叉现象。

在这个问题上，孙维张的观点与我们可谓不谋而合。他在《汉语熟语学》（吉林教育出版社，1989）一书里在论及"惯用语"时就说：

惯用语同谚语确有使人容易混淆的地方，二者的风格都比较通俗，口语性强，表达方式也多用比喻。许多人往往把二者混同了。其实，这两者有一个根本的区别，就是它们二者的根本性质不同，惯用语是描绘性熟语，谚语是表述性熟语。每一个谚语都表示一定的判断，都可以独立地成为一个句子。谚语的表义功能在于陈述事实，表达说话人的观点，总是包含着说话人的一种主观认识和看法。而惯用语只在于描绘事物的性质、状态或人们行为动作的方式。一句话，谚语具有明显的表述性，而惯用语没有。我们根据这一特点完全可以在谚语和惯用语中间划出一条比较清楚的界限来。（见198页）

当然，语言的实际情况是复杂的，例外的情况总是难免的。有的学者提到的“车走车路，马行马道”就属于这种情况。还有一个比较典型的例子是“不见棺材不下泪”。这一条，《新华惯用语词典》和《新华谚语词典》都收了，释义也相似，前者作：“比喻人不到穷途末路不死心，或低头认输。”后者作：“比喻人不到穷途末路，不甘罢休或不肯死心。”《中国惯用语大辞典》和《中国谚语大辞典》也都收了这一条，前者的释义是：“比喻不到走投无路的时候不回心转意。也指人很固执，不知道事情的结局不肯罢休。”后者的释义是：“比喻人不到穷途末路不会罢休，也比喻不到灾难临头就不知道后悔，不肯低头认输。”现在看来，“不见棺材不下泪”确实可以有两种理解，如果理解为“人不到穷途末路是不会善罢甘休或不肯死心的，则具有知识性，属于谚语；如果理解为用来形容人顽固，不到穷途末路便不死心，就不具有知识性，属于惯用语。不过，这种情况只是极少数，已经发现的只不过十来条，所占比例很小。我们不能因为有少数例外而否定整个论断，当然也不能因为是少数而不认真面对。我的初步想法是采用兼类的办法来处理。词不是也有兼类吗？而且兼类的情况要多得多。

至于有的学者提到的用“猴子屁股，坐不住”来让学生辨别是惯用语还是谚语，结果有的说是惯用语，有的说是谚语的问题。显然，题目就弄错了。“猴子屁股，坐不住”也可作“猴子屁股——坐不住”，是歇后语，用它来辨别是惯用语还是谚语，当然会无所适从。

我在《谚语》(商务印书馆，1985)一书里指出，谚语"是以传授知识为目的的俗语"，"有的歇后语虽然也含有某种知识，但它们并不是以传授知识为目的"，如歇后语"兔子尾巴——长不了"，目的不是向人们传授兔子的尾巴是短的这个知识，而是描写某种人或事物的寿命或存在的时间不长了。同样，"柳树上开花——没结果"，目的不是向人们传授柳树开的花结不出果实这个知识，而是描写事情闹了一阵，没有产生预期的结果。"猴子屁股——坐不住"就是属于这种情况，它的目的不是向人们传授猴子屁股是坐不住的这个知识，而是描写某人总是忙忙碌碌，安静不下来。

【问题3】有的习惯上认为是谚语的语言单位，也采取"二二相承"的形式，是归入谚语，还是归入成语。

有的学者撰文称：

温端政、王树山、沈慧云主编的《谚海》ABC三个字母中有四字格语目35条，其中"暗箭难防""笨鸟先飞""兵不厌诈""兵贵神速""兵贵于精""财不露白""财大气粗""财可通神""苍天有眼""成事在人""除恶务尽""窗外有耳""春捂秋冻""寸丝为定"等14条……都是"二二相承"的四字格……此外，还有如下21条：

矮子多心　俗谚云：矮子心多。(王钟伦《独钓龙潭》)

爱亲做亲　俗话说……"爱亲作亲"。(《林兰香》)

拗气损财　这叫～呀。(王少堂《武松》)

百人百姓　“～嘛，”生宝他妈说，“……。”（柳青《创业史》）

百艺防身　常言道：～。（明·无名氏《贤达妇龙门隐秀》）

饱乏饿懒　俗话说，“～”……（王立道《南园风情录》）

兵离将败　自古道：～。（《喻世明言》）

兵无尽杀　常言道～。（明·无名氏《曹操夜走陈仓路》）

兵凶战危　自古道：～。（明·梅鼎祚《玉合记》）

病不瞒医　可是俗话说：“～。”（姚雪垠《李自成》）

不满则旺　俗话说：～！（岳啸《武当山传奇》）

财动人心　自古道：“～。”（《禅真后史》）

财多身弱　常言说的“～”……（杨尘因《新华春梦记》）

豺群噬虎　俗云：“～。”（宋·陆佃《埤雅》）

吃过肚记　俗话说“～”的便是。（李杭育《流浪的土地》）

螭头有水　由是谚传为“～”。（宋·王溥《唐会要》）

出家无家　人都说，“～”……（王少堂《武松》）

船不载万　江湖语曰：“～。”（清·俞樾《茶香室续钞》）

船破有底　可是我～，他们不敢搬我。（浩然《艳阳天》）

葱三薤四　谚曰“～。”（魏·贾思勰《齐民要术》）

粗木重石　～，这话颇有道理。（黄骏《武侠郭武能的传说》）

上列各条也都是“二二相承”的四字格，未见有收于成语词典的，一般都被收入谚语词典。有些可能较僻，不为人注意，缺少研究，但有些收入谚语词典也是编者经过思考，有一定道理的，把它们看成谚语更符合人们的语言习惯。有一些比较俗，如“矮子多心”“吃过肚记”“破船有底”等等。有一些句子紧缩的意味较浓，如“兵离将败”可以看成词组，解释为“兵都逃散了，将也战败了”，而根据语言环境，此语的解释是“军心离散，将领就会打败仗”，明显地不是词组而是复句的紧缩。有一些主要是传授科技方面的知识、常识的，如“船不载万”“葱三薤四”，这类介绍知识的语一般归入谚语。是按照习惯仍将它们归于谚语，并修改“二二相承”的划分标准呢，还是不顾习惯，坚持标准？[①]

【回答】

类似的问题，我主编的《中国谚语大辞典》（上海辞书出版社，2011）也存在。该书共收谚语 17800 多条，经查发现，收有“二二相承”的四字语 229 条。

在这 229 条中，有的是并列结构，但大部分是“主谓（宾）”结构或其他结构。

并列结构的，有的例证标明是“谚”，如：

---

① 见杨蓉蓉《一门新兴的有待完善的学科——读〈汉语语汇学〉〈汉语语汇学教程〉》（《汉语语汇学研究》，商务印书馆，2009，368—389 页）。

【南花北果】清·震钧《天咫偶闻·琐记》:“京师之果味以爽胜,故俗有‘～’之谚。”

【鲇干鲤湿】明·徐光启《农政全书》“农事·占候”:“车沟内,鱼来攻水逆上,得鲇,主晴;得鲤,主水。谚云:‘～。’”

【棋力酒量】清·叶矫然《龙性堂诗话》初集:“许彦周云:‘诗有力量,如弓之斗力,其未挽时,不知其难也;及其挽时,力不及处,分寸不可强。’诚哉是言! 谚曰:‘～。’诗何不然。”

【雪落狗喜】明·黄省曾《兽经》“乌犬喜雪”:“干宝《搜神记》曰:‘张然犬名乌龙。’《埤雅》曰:‘犬喜雪。’谚云:‘～。’”

主谓(宾)结构或其他结构的,有的例证也标明是“谚”,如:

【白头种桃】宋·陆佃《埤雅》卷一三“释木”:“桃,有华之盛者,其性早华,又华于仲春,故周南以兴女之年时俱当。谚曰:‘～。’”明·王象晋《群芳谱·果谱》:“谚云:‘～。’又曰:‘桃三李四,梅子十二。’言桃生三岁便放花,果早于梅李耐久。故首虽已白,其花子之利可待也。”

【囊漏贮中】汉·刘向《新序·刺奢》:“粟米,人之上食,奈何其以养鸟? 且尔知小计,不知大会。周谚曰:‘～’而独不闻与?”

【女嫁为绝】宋·俞琰《周易集说·杂卦传》:“归妹者,女子既归之后也,既得所归,则女道终矣。谚曰:‘～。’此即女之终之谓也。”

【人是苦虫】明·戚继光《练兵实纪·练将篇》:"有勇士屡经战阵,刀痕遍体披面,尚且享有高年,故谚云'～'。"

有许多标明"常言",如:

【百艺防身】明·无名氏《贤达妇龙门隐秀》二折:"〔薛仁贵云〕大嫂,凭着我胸中韬略,武艺皆全,这一去必然为官也。〔正旦唱〕常言道:'～。'你可便三思自忖。"

【兵无尽杀】明·无名氏《陈仓路》四折:"〔诸葛云〕主公,常言道:'～。'惟曹操他私奔而走,往陈仓路去,再差马孟起,当住陈仓路,又要赢他一阵。我料曹操不能擒住。此非人力,乃天之数也。"

【财动人心】元·石君宝《秋胡戏妻》三折:"〔秋胡背云〕且慢者,这女子不肯,怎生是了?我随身有一饼黄金,是鲁君赐与我侍养老母的,母亲可也不知。常言道:'～。'我把这一饼黄金,与了这女子,他好歹随顺了我。"

【事从缓来】《西游记》八五回:"正都在悚惧之际,又一个小妖上前道:'大王莫恼,莫怕。常言道:"～。"若是要吃唐僧,等我定个计策拿他。'"

【事在人为】《续金瓶梅》四〇回:"常言道:'～。'你有本领,有缘法,那怕他三层大两层小,一个男子汉顺了我,满家里我就是个主子,谁敢不敬。"

有的标明"自古道",如:

【财旺生官】清·李渔《比目鱼》:"自古道:'～。'就是中了举人进士,也要破几分小钞。"

【梦由人作】明·无名氏《四贤记》二四出："吉凶两字难凭据，自古道：'～。'只是我未尝想到这个地位，却缘何如斯梦奇；虽是我神游物外，那曾见蝶影蘧蘧。"

【女生外向】《女仙外史》三回："襟丈惟有择个佳婿嫁去。自古道：'～。'就不要费心思了。"

【亲无怨心】明·徐仲由《杀狗记》一七出："〔生〕院君，你休要在我耳边絮，那畜牲回家，又来害我。〔贴〕官人，兄弟乃同胞之亲，手足之义。自古道：'～。'官人早早回心，二官人必然感激。"

还有的标明"古人有言""古人云""古云"等，如：

【杀降不祥】宋·路振《九国志》"秦彦晖"："时彦晖与(刘)存对水为阵，存登岸遥呼彦晖曰：'我降矣，而公弗许。古人有言："～。"公岂不为子孙计？'"

【万事从宽】《西游记》八三回："金星道：'古人云："～。"你干事忒紧了些儿，就把他捆住，又要杀他。'"

【为善最乐】明·无名氏《洞玄升仙》楔子："〔正旦云〕怎么为善要吃酒？〔乔道姑云〕你恰好不知道，古人云道：'～。'"

【人老成精】清·许叔平《里乘》卷二："妃雪笑谓生曰：'古云："～。"若我辈久混世间，虽不成精，亦难免人窃议，不如撒手为高。'"

【狱贵初情】清·汪辉祖《学治臆说》卷上："古云：'～。'一犯到官，必当详慎推求，毕得其实，然后酌情理之中，权重轻之的，求其可生之道。"

也有的标明"俗话说""俗语云""俗云""语云""俗谓"等，

如：

【本到利止】《歧路灯》四八回："俗话说：'～。'余下息银，改日再为凑办。"

【财不露白】《歧路灯》七二回："单讲行路客人，凡事要处处慎密。俗话说：'～。'这德喜一句'一百两、五十两却也不难'，早已钻入东厢房背包袱三个人耳根深处。"

【事无必取】《三国演义》一〇一回："俗语云：'～。'曹操北归，令曹仁守南郡等处，必有奇计。更兼曹仁勇不可当，但恐都督不能取耳。"

【熟能生巧】《镜花缘》三一回："俗语说的：'～。'舅兄昨日谈了一夜，不但他已嚼出此中气味，并且连寄女也都听会，所以随问随答，毫不费事。"

【拳打不知】明·戚继光《纪效新书·拳经捷要篇》："俗云：'～。'是迅雷不及掩耳，所谓不招不架，只是一下，犯了招架，就有十下。"

【人急心乱】《白牡丹》三一回："刘瑾一心只望出城，闻说此言，暗想，明是我该败，若早到几步，已出城了，即下马牵至城下。俗云：'～。'问军士曰：'城可得开否？'"

【三人成众】《东周列国志》一八回："语云：～。今至者四国，不为不众矣。若改期，是无信也。"

【山恶人善】《西游记》四七回："大人勿惊，我等三个徒弟，相貌虽丑，心地俱良，俗谓'～'，何以惧为！"

此外，还有其他一些标志，如：

【娘惜细儿】宋·袁文《瓮牖闲评》卷一："季，少子也，母以少子行役，其心眷眷然而形之语言如此。此正所谓‘～’也。”清·翟灏《通俗编》卷四：“世有‘～’之语。母以少子行役，其心眷眷然。”

【鹊能报喜】蔡东藩《明史演义》六一回：“人言‘～’，我受罪多年，何来喜信，可见人言都是无凭呢。”

【事无常法】清·郑志鸿《常语寻源》：“常语：‘～。’不法法则事无常，法不法则令不行。”

【亲不如友】《二度梅》一四回：“母亲当日着我投奔岳父躲灾避难，岂知那禽兽不念亲情。……我今幸遇陈年伯收留在此，正应古言：‘～。’”

【手眼为活】梁斌《红旗谱》四：朱老忠说：‘常说“～”，走遍天下是指着两只手闹饭吃。’”

以上详见拙著《语典编纂的理论与实践》（与温朔彬合著，商务印书馆，2014，180—189页）。我们注意到，这些有“谚”和“常言”“自古道”“古人云”“俗话说”等等标志的四字语，一般成语类辞书是不收的。他们的结构有的也比较松散，因此，收入谚语语典看来并无不妥。但如果拿它们和“寡不敌众”“事与愿违”“晚节不保”“祸不单行”“众志成城”等被一般成语语典所收的成语相比较，在结构上并无大的差异，似乎可以收入成语语典。这样，就出现了两难。如何解决这个问题，需要进一步讨论。

有的学者指出：“就笔者的语感，这类习惯上归于谚语的‘二二相承’的四字格并不很多，因此笔者主张不顾习惯，仍将它们归为成语（包括俗成语）。习惯的形成是有过程的，习惯也是有变化的。一门新学科的建立，改变某些旧习惯旧传统是必然的。”（见杨蓉蓉《一门新兴的有待完善的学科——读〈汉语语汇学〉〈汉语语汇学教程〉》）看来，这也不失为一种处理办法。

陆　关于“语汇学”的建立

2000年，我们在《“龙虫并雕”和“语”的研究》一文里，提出“从汉语实际出发，建立与词汇学平行的语汇学”的建议，认为“建立以浩如烟海的语汇为对象的语汇学，符合汉语的实际”。同时指出：“建立汉语的语汇学是一个复杂而艰巨的工程。首先要做的，是建立汉语语汇学的科学的术语体系。”“建立语汇学还必须明确语汇学的任务、研究对象、研究方法等。”2002年，我在《论语词分立》一文里指出：“语汇不仅是一个系统，而且是一个庞大的系统。”2005年1月，商务印书馆出版了我的《汉语语汇学》。该书以“语词分立”说为指导，初步构建了汉语语汇学的理论体系。2006年9月，商务印书馆出版了我主编的《汉语语汇学教程》，该书在把《汉语语汇学》教材化的基础上，增写了“方言语汇”和“语典”两章，进一步完善了语汇学的理论系统。

【问题1】语汇学的建立是否缺乏“学理”依据。

有学者撰文称：

> 正因为有苏联语言学家的著作及其影响，本该划归词汇学的研究内容才终于归位，本该与毗邻学科划清的界限也才得以划清，汉语词汇学也才终于迎来她诞生后的第一个春天——1950年代，并催生出以孙常叙《汉语

词汇》、周祖谟《汉语词汇讲话》为代表的一批奠基性的词汇学著作，以及那之后二三十年间面世的为数众多的论著。这一良好态势本应迅即成为词汇学学科定位确定的指引，成为学科发展走向明晰的先导，然因理论建设不足、学科边界模糊，词汇学声称的属于自己的学科辖域，或为边界另一侧的强势学科（如"语义学"、"辞书学"）不断吞噬，或为乘势而起的一些新兴研究门类（如所谓"语汇学"）肆意蚕食。这又使词汇学重新沦于尴尬的境地。

又称：

一个学科能否建立起来，是否已然建设完足，主要看两个标尺。一要看它是否已有一套独立而完备的理论和学科体系，二要看它是否已具有一定的历史和现实的研究力。

又称：

至于"语汇学"新说法的提出则完全是另一种情形了。"语汇学"与"词汇学"本是异名同实的关系，但近年却被个别学者将其作为与"词汇学"全然不同的另一个学科术语来使用，用于指对熟语的研究。无论是作为句子成分还是作为词汇单位，熟语和词均无显著区别，因此有学者的著作将本该称作"词汇"之处改称"语汇"，以使之与"语法"、"语音"一致起来，甚至 2003 年 11 月成立的全国语言文字标准化技术委员会的汉语语汇分会，也用的是"语汇"而非"词汇"。学界也很早就有人将熟语称作"特殊词汇"，这也多少道出了问题的实质。传统上和现实上，绝大多数学者都将熟语纳入词汇学领域，或将"熟语”作为“词汇”的下位单位或次类看待的。因此，将熟语研究从词汇学中切割出来使之独立，再把与“词汇”异名同实的“语汇”剥离出来指称那些熟语，殊无必要，这样的做法有无为公众所接受的可能性，也未可知。[①]

【回答】

上面这篇文章，是《中国社会科学报》开展的语汇学的建立是否有“学理”依据的讨论的第一篇文章。该文在“语汇学”前加上“所谓”二字，并用“肆意蚕食”，来贬低语汇学。还提出“两个标尺”论，意在说明“语汇学”的建立缺乏“学理”依据。

“两个标尺”论，貌似有理，也颇能迷惑人，但只要仔细推敲，就能发现它是站不住脚的。

先说第一个“标尺”：这里的要害是“完备”二字。把“是否已有一套独立而完备的理论体系”作为“一个学科能否建立起来”的“标尺”，显然是不合适的。不仅新学科，就是已经十分成熟的老学科，也不可能做到理论和学科体系“完备”。就拿汉语词汇学来说，光是“词”的定义，就不知有多少种说法，能说“理论和学科体系”已经“完备”了吗？再拿汉语语法学来说，光语法体系就有“词类本位”说、“句成分本位”说、“词组本位”说、“字本位”说、“小句中枢”说，等等，能说“理论和学科体系”已经“完备”了吗？应当说，“理论和学科体系”不完备，是任何有生命力的学科的常态，“完备”只是追求的目标。如果“理论和学科体系”真的“完备”了，这个学科也就没有生命力

① 见周荐《中国词汇学发展需明晰定位》(《中国社会科学报》2010 年 5 月 18 日)。

了。可见，把“理论和学科体系”是否“完备”作为“一个学科能否建立起来”的“标尺”，是不能成立的。

再说第二个“标尺”：是否已具有一定的历史和现实的研究能力。

把研究能力分为“历史”和“现实”两类，就令人十分费解。任何学科的研究能力都有一个历史的发展过程，也就是由小到大、由弱到强的历史发展过程。研究能力的大小强弱，可以用来衡量学科成熟的程度，但不可以用作衡量学科能否建立的“标尺”。

由此可见，不能用两个“标尺”来责疑语汇学的建立。正如该报2011年3月18日发表的黄忠廉的《创立语汇学有学理支撑》一文所指出的：“一门学科能否成立，关键看有无独特的研究对象。”据此，该文认为语汇学的建立具有“可能性”“可行性”“可观性”“学科发展的可持续性”。

关于“建立的可能性”，该文认为：

> 语汇是客观存在的语言事实，其系统研究完全可以催生语汇学。在我们看来，有专门的研究对象应是语汇学创立的首要标准。一门学科能否成立，关键看有无独特的研究对象。词、短语和句子均是语言学的研究对象，并建有相应的学科，能否创立专门研究“语”的学科，就取决于“语”有无特性了。语……与词、短语和句子相关，但极具特色：第一，语比词结构要复杂，由后者构成；第二，语比词（离合词除外）更具可拆分性，或整或散，灵活使用；第三，语具有转引性，常被整体引用作为证据或评价；第四，词具概念性，短语具概念性和叙述性，句具表述性

和独立性，语则包括短语和句子，具有概念性和叙述性；第五，语比词更具成句功能；第六，语比词、自由短语和句子更能富载文化信息；第七，语比句更具相对固定性，成为人们通常整体使用的语言单位。

语汇学的建立是语言和语言学研究之需。分类日益细致是科学研究的进步，语言现象的研究也是如此。当下不妨双管齐下，对词和语分头探索，一来深化对词汇的认识，二来拓宽发掘新的领域。

关于"建立的可行性"，该文认为："语汇学的建立也符合语言学研究的现实，国内外的研究事实表明学科创立切实可行。"

关于"建立的可观性"，该文称："依据学科独立的标准之一'具有相关领域的文献'判断，汉语涪汇学文献业已达到相当数量。据温端政《汉语语汇学教程》(2006)、中国知网和其他工具书的不完全统计，国内以熟语及各种语类为对象的大小词典200余部；专著80余部。仅以篇名中含相关术语为检索词检索，国内研究语汇和/或汉外语汇比较研究的论文（知识性文章不计在内）大致如下：熟语118篇，俗语81篇，谚语322篇，惯用语98篇，成语1595篇，歇后语118篇。"

关于"学科发展的可持续性"，该文认为："独特的研究对象是决定学科存在的根本性标准，而学科成立的其他标准如研究机构、研究人员、全国性学术组织、研究方法等均属派生性因素，是从属性的，具有可操作性。"

我们认为，语汇学之所以能够成立，除了黄文所提出的理由之外，还有以下三点值得注意：

第一，语汇和词汇一样是一个庞大的系统。

对于词汇是否具有系统性，曾经有人怀疑过。现在怀疑词汇系统性的人已经不多了。那么，语汇是不是也有系统性呢？其实，语也不是一盘散沙，语与语之间也是有密切联系的。语汇之所以和词汇一样具有系统性，最重要的一点，是它们有着相对独立的分类系统。词可以按照语音结构不同，分为单音词、双音词和多音词；按照形态结构分为单纯词、派生词；按照语法特点分为实词和虚词，实词又可分为名词、动词、形容词、数词、量词、代词，虚词又可分为副词、介词、连词、助词、叹词、拟声词。

词的这种分类系统完全不适用于语，语没有单音、双音、多音之分，也没有单纯、派生之别；语没有虚的，都是实的，不可能有名、动、形等之分。语的分类，需要另辟蹊径。语固然也可从不同的角度进行分类，但最常见的是分为成语、谚语、惯用语和歇后语四大类。语、词分类系统的不同，是语、词性质不同一面的又一重要体现，是得以建立与词汇学平行的语汇学的重要基础。

第二，语典的大量编辑出版催生了语汇学。

语典的编辑出版由来已久，特别是改革开放以来，语典的编辑出版出现了类型多样化、规模大型化、品种系列化的趋势。

对此，我在《语典的兴起及其对文化传承的贡献》一文中曾作过叙述。类型多样化表现在，编辑出版的语典既有综合性的又有专语性的。综合性的，有《汉语熟语大辞典》（武占坤、马国凡主编，河北教育出版社，1991）、《成语熟语词典》（刘叶秋、苑育新、许振生编，商务印书馆，1992）、《汉语常用语词典》（温端政主编，上海辞书出版社，1996）、《汉语语典》（贾采珠、晁继周主编，汉语大词典出版社，2003）、《新华语典》（温端政主编，商务印书馆，2014）这样完全综合性的语典，又有《中国俗语大辞典》（温端政主编，上海辞书出版社，1989）、《俗语词典》（徐宗才、应俊玲编著，商务印书馆，1996）、《语海》（何承伟总策划，上海文艺出版社，2000）等不完全综合性的语典。专语性语典，包括成语类语典、谚语类语典、惯用语类语典、歇后语类语典，数量更多。

规模大型化，表现在收条规模从小到大，呈现出小、中、大并举的局面；品种系列化，如长春出版社继 2000 年出版了《现代汉语成语规范词典》之后，2001 年出版了《现代汉语谚语规范词典》、《现代汉语惯用语规范词典》和《现代汉语歇后语规范词典》。语文出版社于 2002 年开始出版通用语言文字系列工具书，首先出版的是《通用成语词典》、《通用惯用语词典》和《通用歇后语词典》，2004 年又出版了《通用谚语词典》。

大量编辑出版的语类辞书，为语汇学研究提供了翔实的资料，同时促进语汇学的建立来指导语类辞书的编纂。

第三，熟语学的研究取得突破，为语汇学的建立提供了借鉴。

尽管熟语的概念存在模糊性，但仍有学者提出比较合理的主张。孙维张的《汉语熟语学》（吉林教育出版社，1989）在这方面就是一个重大的突破。虽然他认为熟语学的性质是"词汇学的分支学科"，但他所构建的熟语理论体系已经在相当程度上摆脱了词汇学。在熟语的范围和分类上，也突破了前人的主张，认为熟语只包括成语、谚语、歇后语、惯用语、格言五类。

应当说，语汇学是《汉语熟语学》所开创的熟语研究的继承和发展。

由此可见，语汇学的建立乃是"水到渠成"，并非人为地"将熟语研究从词汇学中切割出来使之独立，再把与'词汇'异名同实的'语汇'剥离出来指称那些熟语，殊无必要"。

【问题 2】语汇学是否是仿照词汇学建立的，是否缺乏独立的学科体系。

有的学者撰文称：

> 温先生想要新建立独立于"词汇学"并与之平行的"语汇学"，那么，这一新学科就要有"词典学"、"语义学"那样专属于其自身而区别于"词汇学"的理论体系、研究方法和研究实绩，即"语汇学"必须具备独特的科学理论体系及历史和现实的研究力，其学科的任务、对象、方法等必是词汇学所不能驾驭的。然而目前看来，基于"语词分立"基础上的"语汇学"，无论术语概念还是研究方法，似乎都在仿效"词汇学"。比如温先生提出的"田野作业法、文献采集法、描写法、比较法、计量法"（温端政 2005）等方法和手段，本就是"词汇学"研究所常用的。[①]

还有的学者撰文称：

> 在温先生设计的"语汇学"的架构里，因为有"词典"而有"语典"，有"词性"而有"语性"，有"词类"而有"语类"，有"构词法"而有"构语法"，甚至为其"语汇学"新造

① 见刘静静《也谈"语词分立"》（《辞书研究》2011 年 6 期）。

“语步”、“语节”等一系列术语。是不是还要将语言学中原有的“语气”、“语调”拿到变身后的“语汇学”中成为其术语,再为瘦身后的“词汇学”另造“词气”、“词调”?也未可知。

一个学科的建立,通常不能惟靠人工助力,而是水到渠成、自然而然的结果。一个新学科的出现,支撑其站立起来的,是诸多软硬件条件。“语汇学”若建立,这软硬件条件就是必须有属于自己的研究方法和研究对象,必须要形成自己独立的学科体系。而这里所谓的“自己的”、“独立的”,就意味着与其他已有的学科有所区隔,不能重复,至少不能有较大的重合度。[①]

还另撰文称:

无论是根据已有词而用类推的方法,还是尽量使所造术语的词长符合汉语习惯,创造术语的第一要务是学科需要。一个学科需要有那样的发展,才适应此一发展而创造出一批术语来。而不能相反:人为制造学科,匆匆仿造术语。如果是前者,学科的发展前景已有规模,术语的创制乃是水到渠成,自然而然的了;如果是后者,学科系人为制造,术语多把原属学科已有的术语拿来照猫画虎地仿造一番,其结果,画虎不成反类犬,不但术语造得不伦不类,所制造的学科亦未必能在学科体系中立得起来。比如有学者认为应该把熟语研究从其母学科“词汇

① 见周荐《语词分合问题引发的若干思考》(《世界汉语教学》2014年4期)。

学”中分离出来，单独成为一个叫“语汇学”的学科门类。没有术语怎么办？只好把其原属的母学科的术语拿来仿造，原则只有一条：你“词汇学”有，我“语汇学”就要有。在该学者仿词汇学术语而设计的“语汇学”术语体系里，因“词类”而有“语类”，因“词性”而有“语性”，因“词典”而有“语典”，因“构词法”而有“构语法”。（周荐 2014）如此仿制，首先令人对这种另起炉灶的做法的必要性大为起疑；其次，也告诉人们，这样刻意的另起炉灶，恐怕只是为标新立异，未必是学科发展所必需。（刘静静 2016）[①]

【回答】

汉语语汇学是不是已经建立起相对独立的理论体系呢？不妨看看一些学者公正的评论。

李行杰教授的《构建中国语言学特有的语汇学——读温端政〈汉语语汇学〉》（《语文研究》2006 年 1 期）一文写道：

> 一门学科的建立，仅仅划清该学科和相关学科的界限，确立学科内部分类标准是不够的。还必须明确该学科的研究对象、研究内容、研究方法和任务，并且建立一整套科学而实用的术语，从而构建起一个完整的学科研究框架，以起到“发凡起例、昭示学科经纬”的作用。我们认为，《语汇》（《汉语语汇学》的简称，下同）已经起到了这一作用。
>
> 《语汇》指出：汉语语汇学以汉语语汇为研究对象。提出了语汇与词汇是汉语语词学的两个分支学科的主

① 见周荐《术语创制与词汇学学科发展》（《汉语学报》2017 年 2 期）。

张。

《语汇》论述了汉语语汇学的研究内容：

语汇的静态描写和动态考察，是基础研究，这是研究的前提。

理论探讨是汉语语汇学的核心，是建立语汇学科学体系的前提。

语汇应用研究：包括语汇的运用、语汇教学、语汇辞书编纂。主张词典只收词，语则由语典来解决。

提出了学科建设的目标：认清语的性质，区分语和词、语和其他固定、准固定词组的界限；认清语汇及语类形成和演变规律；认清语汇的结构、语义、语法功能、修辞作用；阐明语汇学的价值和意义等等。

研究方法和手段：田野作业法、文献采集法、描写法、比较法、计量法等等。

《语汇》还建立了一整套学科术语，例如在《语的构成和结构》中，使用了"语素"、"语步"、"语节"等新术语。

当一门新学科有了自己的特定的研究对象、研究内容、研究方法和手段，有了明确的学科建设目标，又有了成系统的学科术语的时候，这门学科就应当完全独立了。

该文还认为，汉语语汇学的建立是"语言学中国化的一个成功案例"，认为"《语汇》完全从汉语实际出发，不囿于传统语言学语言、词汇、语法三分的成说，大胆地提出语汇和词汇并列为语词的两个同等分支，从而形成了语音、语词、语法三分的新格局"。

再看杨蓉蓉编审的《一门新兴的有待完善的学科——读

〈汉语语汇学〉〈汉语语汇学教程〉》(《汉语语汇研究》,商务印书馆,2009,368—389页)一文。该文认为:"《汉语语汇学》《汉语语汇学教程》从语的名称、性质,语汇的性质、范围、系统性,语汇学的研究对象、内容、任务、方法、手段,语的分类系统、分类原则,语的构成成分、结构类型、构语法,语义的特点、分析、描写,各类语的性质、范围、结构、意义、功能,方言语汇,语典编纂等方面构筑起了汉语语汇学的体系,其中有一些在语汇理论研究上有重大的突破。"该文接着论述了两书在"语、词分立""语汇的分类""语汇的系统性""各类语的性质和特征""语典编纂"等方面的理论创新和突破。正是这种创新和突破,才建立起具有相对独立性的语汇学理论体系。

为了印证两位学者的评论,不妨把我的《汉语语汇学》的理论体系,再公布一次:

第一章　语　语汇　语汇学

第一节　语

1. 语的历史考察

2. "语"的性质

第二节　语汇

1. 语汇的性质

2. 语汇的范围

3. 语汇的系统性

第三节　语汇学

1. 汉语语汇学的研究对象、内容和任务

2. 汉语语汇学的研究方法和手段

3. 汉语语汇学的回顾和前瞻

第二章 语的分类

第一节 语的分类中存在的问题

1. 谚语和格言的归属问题

2. 成语和谚语的区别问题

3. 成语和惯用语的区别问题

第二节 语的分类的新尝试

1. 语的分类的主要原则和基本要求

2. 语的分类的两个层面

3. 语的分类系统

第三节 语的雅俗之分

1. 俗语的性质和范围

2. 雅语的名称和特点

3. 语存在雅俗之分

4. 雅俗之分的模糊性和相对性

第三章 语的构成和结构

第一节 语的构成成分

1. 语素

2. 语步

3. 语节

第二节 构语法和语的结构类型

1. 构语法

2. 语的结构类型

第三节 语的结构的传承性和变异性

1. 语的结构的传承性

2. 语的结构的变异性

第四章　语义

第一节　语义的特点

1. 叙述性和系统性

2. 民族性和人文性

3. 组合性和融合性

第二节　语义的分析

1. 语素分析法

2. 层次分析法

3. 语源分析法

第三节　语义的描写

1. 语义描写的要求

2. 语义描写的基本原则和一般做法

第五章　谚语

第一节　谚语的性质和范围

1. 广义谚语和狭义谚语

2. 谚语性质的基本特征

3. 与确定谚语范围有关的几个问题

第二节　谚语的结构

1. 谚语结构的基本类型

2. 谚语结构的相对固定性

第三节　谚语的语义和分类

1. 谚语语义的特点

2. 谚语语义的结构

3. 谚语语义的类聚

4. 谚语的分类

1. 歇后语的语法功能

2. 歇后语的修辞作用

只要是客观一些，就会看出，我们建立的语汇学的理论体系，虽然与词汇学有交集之处，但总体上是相对独立的。正如上述李文和杨文所说的，这个理论体系具有创新性，是根据汉语语汇的基本特点构建的，并以普通语言学的基本原理为指导。如关于区别语言和言语的论述，关于词义的概念性和语义的叙述性的论述，以及关于语义的特点和分析等的论述，都是来自普通语言学。这些论述或多或少受高名凯的《普通语言学》(东方书店，1954)的影响。该书第三编第三、四章的标题就分别是“语义的性质”“语义的分析”。

由此可见，说语汇学是“仿效‘词汇学’”而建立的，没有事实依据。事实上，也没有一本词汇学著作是可以“仿效”的。

至于研究方法和术语运用，也并不都是仿效词汇学。所谓“温先生提出的‘田野作业法、文献采集法、描写法、比较法、计量法’等方法和手段，本就是‘词汇学’研究所常用的”。其实这些方法，众所周知，并非词汇学所专有，而是语言学所共有。如“田野作业法”就是方言学所最常用的。

所谓“因为有‘词典’而有‘语典’，有‘词性’而有‘语性’，有‘词类’而有‘语类’，有‘构词法’而有‘构语法’”；所谓“原则只有一条：你‘词汇学’有，我‘语汇学’就要有”，“在该学者仿词汇学术语而设计的‘语汇学’术语体系里，因‘词类’而有‘语类’，因‘词性’而有‘语性’，因‘词典’而有‘语典’，因‘构词法’而有‘构语法’”，等等，更是不符合事实。

先说“词典”和“语典”。

“语典”这个术语，最早可能见于梁启超《论中国学术思想变迁之大势》第三章第四节“中国语言文字的分离，向无文典语典”。1922年上海广益书局出版的《俗语典》(胡朴安等编)可能是最早出现的“语典”，不过《俗语典》也可以理解为《俗语一典》。进入21世纪，语典编纂进一步兴起，语典的名称正式出现。最早的可能是贾采珠、晁继周主编的《汉语语典》(汉语大词典出版社，2003)。那时语汇学还没有诞生。如果说“语典”是“仿效”词汇学而造出来的术语，那么最早“仿效”的应该是贾采珠和晁继周。再说，“词典”这个术语也不是词汇学所专有，1937年就出版了黎锦熙主编的《国语词典》。那时还没有词汇学。

再说“词性”和“语性”。

“语性”这个术语早见于《辞书研究》1983年第3期发表的张宗华《熟语释义与“语性”的关系》一文，该文称：

> 为了说明熟语在语法功能上的特殊性质，本文仿照“词性”这一术语，暂拟一个临时术语叫做“语性”。因为对于具有复杂结构和概念的熟语来说，要正确分析它们的意义和语法功能，仅仅用适用于一般语词的“词性”这一概念，显然已感到不足，须要有一种新的分析方式，这就是分析熟语的语性。

可见“语性”这个术语并非语汇学首创。

再说，“词性”这个术语也并非来自词汇学，而是来自语法学。刊载于《清华学报》1936年第1期的王力先生的《中国文法学初探》，就已经出现了“词性”这个术语，原文如下：

> 实际上，我们也不能硬说“以”是介词，而“而”是连

词。“拂然而怒”的“而”字，与“节用而爱民”的“而”字，一则表示某种状态与某种动作的关系，一则表示甲动作与乙动作的关系，为析句方便起见，我们固然可以认前者为介词（甚或认为副词性语尾），后者为连词，但这是上下文形成的词性，并非“而”本身有此不相同的两种词性。

现在出版的工具书，也都把“词性”这个术语归入语法学。上海辞书出版社 2003 年 12 月出版的《大辞海》语言学卷，就是把“词性”这个术语归入语法学，释文为：“一个词的语法属性，是依据其在结构中的表现出来的语法功能而确定的。如“友好”，具有形容词的语法属性，即为形容词。词性是给一个词归类的依据。”（见 115 页）全国科学技术名词审定委员会公布的语言学名词〔2011〕（商务印书馆，2011），也把“词性”这个术语归入语法学的词法部分（见该书 55 页）。可见，说“语性”是仿效词汇学的，根据不足。

再说“词类”和“语类”。

“词类”这个术语也不是词汇学所专有，也是来自语法学。1937 年写成、1942 年出版的何容的《中国文法论》一书，就曾经讨论“词类”问题。该书第 3 部分的标题就是“论词类区分”。1943 年由商务印书馆出版的王力的《中国现代语法》上册第一章第二节，标题就是“词类”。那时，还没有词汇学。因此，说“语类”是仿效词汇学的“词类”，没有丝毫依据。

再说“构词法”和“构语法”。

“构词法”这个术语早见于高名凯的《普通语言学》。该书第四编第六章的标题就是“构词法”，称“研究词的结构方法叫做构词法”。该书由东方书店于 1955 年 1 月出版，那时被称为词汇学奠基之作的孙常叙的《汉语词汇》和周祖谟的《汉语词汇讲话》都还没有问世。王力的《汉语史稿》第三章第四十节的标题是“构词法的发展”。该书原是给北京大学中文系语言专业讲课的讲稿，由科学出版社于 1958 年出版。这都说明，说“构语法”是仿效词汇学的“构词法”，同样没有根据。（以上参见拙文《三论语词分立》，《辞书研究》2018 年 3 期）

由此可见，所谓“在该学者仿词汇学术语而设计的‘语汇学’术语体系里，因‘词类’而有‘语类’，因‘词性’而有‘语性’，因‘词典’而有‘语典’，因‘构词法’而有‘构语法’（周荐 2014）”等等说法，完全是背离事实的主观臆断。

【问题 3】建立语汇学，会不会影响词汇学的发展。

有的学者撰文称：

> “词典学”和“语义学”独立出“词汇学”后，“词汇学”仍有其独特的研究对象和任务，并不会因不再包揽语义和词典的专门研究而影响自身的个性和存在。而“语汇学”一旦独立出“词汇学”，不仅限制了“词汇学”的研究范围，对词汇学的发展带来严重的影响，对“语汇学”本身的研究和发展也会埋下隐患。至少在目前看来，“语汇学”绝不具备独立出“词汇学”并与之平行的可能。[①]

【回答】

把“语”从“词汇”分立出来，建立与词汇学平行的语汇学，这是恢复了词汇学的本来研究范围，使词汇学的理论体系更

① 见刘静静《也谈“语词分立”》（《辞书研究》2011 年 6 期）。

加科学,不仅不影响还有利于词汇学的发展。

词汇学的奠基之作——孙常叙的《汉语词汇》(吉林人民出版社,1956),全书由三部分组成。第一部分是"词",包括三篇:"词的性质和结构""词义""造词法";第二部分是"词汇和基本词汇",包括五篇:"词汇""词在词汇里的几种相对关系""几种特殊性的词汇""基本词汇""基本词汇的积累、传承和发展";第三部分是"词汇音变"。全书约40万字,坚持其对词汇的定义——语言中所有的词构成为所谓语言的词汇,把"语"排除在外。这并不影响它的权威性。周荐、杨世铁合著的《汉语词汇研究百年史》(外语教学与研究出版社,2006)是这样评价该书的:

> 《汉语词汇》是中国第一部较系统、全面地研究汉语词汇的专著,带有拓荒的性质;它论述了汉语词汇中的一些主要问题和一般规律,为汉语词汇学勾勒出了一个大致的轮廓,所论问题也大都成为了后来的汉语词汇学的研究内容。这部词汇学著作最大的贡献在于,它搭建了汉语词汇研究的一个宏伟的框架,并提出了许许多多引发后人思考的问题。

这里强调了"系统、全面",表明把"语"排除在外,并不影响词汇研究的系统性和全面性。

后来的词汇学著作,把"语"拉进来,反倒显得格格不入。以符淮青的《现代汉语词汇》(增订本,北京大学出版社,2004)为例。该书共分十章:第一章"绪论",第二章"词的构造",第三章"词义",第四章"多义词和同音词",第五章"同义词、反义词和词的层次关系",第六章"词义的发展",第七章"几种重要的词汇划分",第八章"熟语",第九章"词义和构成词的语素义的关系”，第十章“词典”。“熟语”单独成章，游离于全书论述的词汇系统之外。如果把它分离出来，不仅不影响全书的系统性，而且使系统更加纯正、完整。上面提到的《汉语词汇研究百年史》在评价该书时，称：

> 符淮青的《现代汉语词汇》，可以说是我国第一部以描写见长的词汇学著作。它不光是注重介绍，更注重对问题的分析。其中使用的一些方法，很值得人们重视。另外，从体系上来看，该书与以前的词汇学著作不大一样。它先讲义项问题，然后再讲单义词、多义词、同音词。这样安排章节就比较合理。再有，这部书虽然没有专门讨论词语规范问题，但不少问题的分析都与词语规范有关，例如异体词问题、同音词和写别字问题、外来词问题。从内容上看，本书着重讲词义问题，涉及到义项的归纳、释义方法、词义和语素义的关系等，而且讨论细致，对词典的编纂很有用处。

这一段评价，没有涉及“熟语”，说明“熟语”是可有可无的。

在这方面，杨蓉蓉的《关于语汇学的几点思考》（《汉语语汇学研究（四）》，商务印书馆，2017，20—40页）一文进行过深入研究。该文第二部分“语汇在目前词汇学中的地位”称：

> 将语从词汇中分离出去，称之以语汇，并在深入研究的基础上建立语汇学，会不会引起思想混乱，影响词汇学的研究，影响词汇学的继续健康发展？就像语义学兴起时也有学者充满了担心一样。为了深入思考这个问题，我研读了部分有关词汇学的著作，探索这些著作在研究或介绍词汇中词的问题时是如何同时来研究语的，想进

而弄明白语在词汇学中的地位。

该文对现代汉语教材、有关词汇的普及读物、词汇学研究专著和词汇史研究著作等几个方面共九部著作进行分析，得出的结论是：

> 在目前的词汇学中，词和语是轻重不等的，正如刘叔新先生所说，词"在词汇中所占的地位比固定语重要些"，同时，词和语的研究不是完全融合在一起的，它们各自走着自己的研究之路，只是因为同是语言建筑材料而被放在一个框架下，熟语研究好似附属品。我(2011)曾根据周祖谟先生《汉语词汇讲话》、孙常叙先生《汉语词汇》以及其他一些词汇专著，勾勒过词汇学研究的框架，这个研究框架是充分自足的。如果去掉熟语部分，并不会影响词汇学对词的研究，使其在研究中碰到阻碍，反而会使词汇学对词的研究显得更系统更纯粹。

应该说，这个结论是客观的，明确回答了对这个问题的质疑。

【问题 4】"语"的研究是否可以在词汇学里进行。

有的学者认为：

> "当前'语汇'研究的当务之急应当是在过去研究的基础上采用新的理论和方法推进具体现象的研究，如'语汇'的范围、'语汇'和语法、语音、语用、语义的结合性研究、具体语类的分类探讨等，而这一切都可以在词汇学的架构中实现。……原本一个学科可以说清楚的事情非要分作两个学科来说，实际上就是将简单的事情复杂化了，

不利于学习者掌握和学习，更不利于学术的发展。”①

【回答】

把语汇研究放在词汇学的“架构”中进行，未尝不可，过去许多词汇学著作，特别是高等学校的《现代汉语》教材就是这样做的，但普遍存在两个问题。

一是“语”的篇幅少，分量轻。

对此，杨蓉蓉的《关于语汇学的几点思考》一文，曾举两部有代表性的《现代汉语》教材为例予以说明，转引如下：

1. 胡裕树主编《现代汉语》（重订本）（上海教育出版社，1981）

本书第三章“词汇”，共分六节。第一节“语素、词和词汇”，第二节“词的构造”，第三节“多义词和同音词”，第四节“同义词和反义词”，第五节“词汇的构成部分”，第六节“词典和字典”。整个第三章只有第一节在谈到不定位语素时，举过若干个成语的例子，在谈词汇定义时出现过“词的等价物（固定词组）”几个字；在第四节谈到反义词在成语中的作用，和反义词、同义词交叉复合构成成语；第五节“词汇的构成部分”分八点，第八点是熟语，主要是简单介绍了成语；第六节中提到一本语典《汉语成语词典》的名称，什么介绍也没有。第三章的论述都集中讨论词，所有讨论除上所举之外，与语毫不相干。显然语在其间只是很小很小的一个点缀。

2. 邵敬敏主编《现代汉语通论》（第二版）（上海教育

① 见陈长书《汉语歇后语研究·后记》（中国社会科学出版社，2016）。

出版社，2007）

本书的第二版出版时间比较晚，语汇研究已经蓬勃兴起，语典也已大量出版，作者是有意要重视“语”的。该书在词汇的定义中写道：“词汇是语言的建筑材料，是词和语的集合体。”其后又加了一个说明：“所谓‘语’是指固定短语。包括熟语和专用短语两类。”我们再看该书对词汇的具体描述。该书第三章是“词汇”，共分八节。第一节“现代汉语词汇概述”，第二节“构词法”，第三节“词汇的基本系统”，第四节“词汇的来源系统”，第五节“词汇的熟语系统”，第六节“词义系统”，第七节“词的分析与描写”，第八节“现代汉语词汇的规范化”。上引词汇的定义就在第一节中，可惜除了这个定义以外，全节只在谈论词素与词的区别时，举“民不聊生”“民心所向”为例，说其中的“民”为词，其余不管论述、举例都与语无关。第二节“构词法”谈完了词的构词法，有一小节“成语的构造”，说成语“跟一般的单词还是有区别的”，先将成语分为联合式和非联合式两类，再使用语法学的层次分析法进行分析；在此后一小节谈词与短语区别时将成语和自由词组放在一起与词比较。第三节、第六节、第八节都与语毫无关系。第四节只在方言词中举到惯用语“拆烂污”，在社区词中举到惯用语“炒鱿鱼”，其余都与语无关。第七节题目是“词的分析与描写”，在论述补充释义方法时，举过若干成语的例子。第五节专谈熟语，说“现代汉语的熟语系统主要包括成语、谚语、惯用语和歇后语”。成语分“历史习用性”“意义的整体性”“结构的凝固性”“成语的民族性”“成语的作用”几小节来论述，谚语、惯用语、歇后语只各举了几个例子，点到为止。实际上只是一个熟语的介绍，并没什么系统可谈。我们可以看出，本书作者虽然极力在将语纳入词汇系统，但无法将它们有机结合，在描述中词是大头，语是附带，而且它们有诸多不同，唯一肯定了同的，就是它们都是语言的建筑材料。

二是知识陈旧，沿袭旧说。

关于成语、歇后语、惯用语、谚语等的定义，基本上还重复着20世纪50年代一些论著的观点。

这里试以林祥楣主编《现代汉语》(语文出版社，1991)和北京大学中文系现代汉语教研室编的《现代汉语》(商务印书馆，2003)关于歇后语的叙述为例，进行比较。

林本(见192—193页)为：

> 歇后语是一种短小、风趣、形象的语句，由前后两部分构成，有时只说前半，后半略去，所以叫歇后语。歇后语前半一般是形象的表达，后半解释这一形象表述的意义，同时用比喻或双关的手法，表示其实际意义；有时，后半的解释直接表示这个歇后语的含义。其间的关系可以说明如下：

前半 (形象的表述)	后半 (对形象表述的说明解释)	实际意义	
瞎子点灯	白费蜡	比喻	白费功夫
老鼠钻风箱	两头受气	比喻	受到两方面的批评或埋怨
墙上挂门帘	没门儿	双关	没有门路

四两棉花	弹不上	双关	谈不上
大海捞针	无处寻		无处寻
诸葛亮皱眉头	计上心来		计上心来

北大本(见 251 页)为:

> 歇后语是一种短小风趣、生动形象的语句,由两部分组成;有时只说上半,下半略去,所以叫歇后语。歇后语上半一般是形象的表述,下半解释形象表述的意义,然后借比喻或双关,表达它的实际意义,有时,后半的解释也就是歇后语的含义。其间的关系可说明如下:

上　半	下　半	实际意义
一条绳拴俩蚂蚱	谁也跑不了	比喻当事人不能幸免
隔年的皇历	瞧不得	比喻过时的事物不起作用
四两棉花	弹不上	双关谈不上
外甥打灯笼	照舅	双关照旧
大海捞针	无处寻	无处寻
诸葛亮皱眉头	计上心来	计上心来

两书出版时间相差 11 年,但比较一下,可以看出关于歇后语性质、结构和表义方法的叙述,几乎完全一样,连举例也有一半相同。

其实,两书关于歇后语的性质的类似论述,早见于上面提到的胡裕树主编的《现代汉语》(重订本):

> 同成语性质相近的是歇后语,它……前一部分是个比喻或隐语,后一部分是意义的解释。平常说话时,可以把它的前一部分比喻或隐语单独说出,而把后一部分解释省去,让人家去体会、猜测;所以叫做歇后语。

如果追根究底，这些说法都源于20世纪50年代出版的张瓌一的《修辞概要》(中国青年出版社，1954)。该书第三章“歇后语”的开头写道：

> 一般的歇后语都是由两部分构成的：前半是一个比方，后半是这个比方的解释。平常说话的时候，可以单把前半截的比方说出来，把后半截的解释省去，让听话的人自己去体会猜测。歇后语这个名称就是这么来的。

可是，这个说法，当时就有人提出不同意见，茅盾先生在《关于“歇后语”》(《人民文学》1954年6月号)一文中曾经指出：像“热鏊上的蚂蚁——走投无路”“泥菩萨过江——自身难保”这一类歇后语，除了大家熟悉的一些而外，如果只写出上半截而“歇”去它的后半截，那就使人猜不到它的意义。我们也曾多次指出，通常所说的“歇后语”，其实并不“歇后”，也不能都“歇后”。然而歇后语研究的这些新成果并没有引起《现代汉语》教材编写者的关注。

之所以出现上述情况，根本原因是在词汇学里，语只是词的附庸，即所谓“词的等价物”。由此可见，在词汇学的“架构”中进行语汇研究，有很大的局限性。把语汇从词汇学中分立出来，建立以语汇为研究对象的语汇学，有助于对语汇进行全面深入的系统性的研究。

【问题5】从事“语汇学”研究的是否“只有包括温先生在内的一小部分人”，语汇学是否“雷声大，雨滴小”。

有的学者撰文称：

> 在“语词分立”基础上从事“语汇学”这一新学科研究

的学者，迄今为止，似乎只有包括温先生在内的一小部分人，其理论著作的集大成者似乎也只有温先生的《汉语语汇学》、《汉语语汇学教程》及2009年10月出版的《汉语语汇研究史》，大多数学者还是将“语汇”归并到“词汇学”旗下的。没有一支强大的研究队伍，缺乏历史和现实的研究力，这样的“语汇学”，与“词典学”、“语义学”当初从“词汇学”中独立出来时的情况是不可同日而语的。

又称：

从总体上看，“语汇学”研究的理论和方法还不够完善成熟，有的甚至不无漏洞，具体的理论研究成果也还太少，雷声大雨点小的现象也是不可否认地存在的。在这样的情况下，将“语”独立出“词汇学”可能并不利于学科的发展。①

【回答】

这个问题涉及对语汇学研究的现状的评价和对语汇学发展前景的估计，不能不分辨清楚。

在汉语里，语汇不仅范围宽广，而且深深植根于中华文化的沃土，是中华传统文化的重要载体。正如已故著名学者季羡林所说的，语“是中华民族智慧的结晶，它们涉及人们如何处理人与大自然（天人）的关系，人与人的关系（社会关系）以及每个人的个人修养等问题，并且都有精辟的意见，对指导我们的人生有重要意义。这些‘语’，在全世界所有的民族和国家中，都罕有其匹，是我们中华民族的珍贵的文化遗产”。（见

① 见刘静静《也谈“语词分立”》（《辞书研究》2011年6期）。

《语海·出版说明》,上海文艺出版社,2000,7页)

因此,语汇学不仅有广阔的研究领域,而且有着强大的生命力。所以,语汇学一建立就受到语言学界的广泛支持。

2007年7月,由山西省社会科学院和商务印书馆联合主办的首届汉语语汇学学术研讨会在太原召开,会议收到了许多贺词贺信。

时任中国语言学会会长侯精一代表中国语言学会致贺词,称:

> 值此首届汉语语汇学学术研讨会隆重召开之际,我谨代表中国语言学会对研讨会的召开表示热烈的祝贺。
>
> 近些年来汉语语汇学作为一门新的分支学科,受到学界的普遍关注。温端政教授的《汉语语汇学》等著作的出版标志汉语语汇学已经成为汉语语言学大家庭的新的一员。汉语语汇学有着丰富的内容和发展前景。此次大会将就汉语语汇学的理论方法、教学科研、辞书编纂、方言语汇等方面的问题进行学术讨论,我们相信此次研讨会的召开必将进一步推动我国的汉语语汇研究,促进汉语语汇学的发展。
>
> 特别应该指出的是,分布在黄河流域、长江流域以及其他流域的广大汉语方言语汇记载了极其丰富的汉民族文化,汉语方言语汇作为一种非物质文化遗产是汉民族地域文化的重要载体,它的深厚内涵值得语言学者去挖掘、去描写、进行广泛深入研究。可以预料,在汉语语汇学科的发展的进程中,汉民族的地域文化必将得到更多的展示、更好的发扬!汉语语汇学是一门有着美好发展

前景的分支学科。值得更多的学者投入。

衷心祝愿研讨会圆满成功，衷心祝愿汉语语汇学的研究在在座的各位同仁及会外的学界同行的支持下取得更加丰硕的成果。

中国社会科学院学部委员、时任中国社会科学院副院长、中国辞书学会会长江蓝生也发来贺信，称：

欣闻贵院和商务印书馆准备已久的汉语语汇学研讨会在太原召开，谨致信表示热烈的祝贺！那么多学者聚集在一起，专门讨论汉语语汇、汉语方言语汇问题，这在我国汉语研究的历史上可能是第一次，可谓汉语语汇学研究的一大盛事。贵院和山西语言学同仁在汉语语汇学研究方面做出的突出成绩以及为推动语汇学学科的建设所做的种种努力，将会载入中国语言学的史册，在此，我谨向你们表示感谢和敬意！我相信，这次会议将会引起有关学者对汉语语汇学的关注和研究兴趣，必将推动语汇研究的科学化，系统化，使这一支新葩在中国语言学的园地上茁壮成长。衷心预祝研讨会圆满成功！

会上宣读的论文，有许多旗帜鲜明地支持语汇学，如著名方言学家张振兴宣读的《语汇学之成立》一文称：

语汇学之成立，意味着我们在语言学的范围内有了一个新的、独立的学科。这个让我们大家都感到高兴。新学科的建立，意味着这个学科的研究内容将有很大的发展，可以大大促进对语汇的研究。它的未来是不可小看的。

……

提出建立语汇学，这是一个新的学术思想，创建了一个新的学科。我们完全可以相信，它对于推动语汇的研究将是至关重要的，类似于方言学、晋语、平话土话这样的繁荣局面，将在语汇研究领域重新出现。

……

语汇学之成立，它反映了汉语里“语汇”特别丰富，具有特别悠久历史的客观语言事实，它反映了汉语及其方言的重要特性。这是建立汉语语言学的焦点和亮点之一。它生动地回答了中国语言学应该不应该，要不要具有自己特点、特色的大问题。

此后，每两年召开一次全国性的语汇学学术研讨会，每次会议之后都由商务印书馆出版论文集，迄今已经出版了四本，从交流的400多篇中精选了118篇。

与此同时，语汇学研究专著也陆续问世。

2010年1月，书海出版社出版了吴建生、李淑珍合著的《三晋俗语研究》。该书运用汉语语汇学和认知语言学的理论，对所收集到的大量方言语汇资料，从结构、语义、内部比较、认知研究等多方面进行科学分析，既有语汇的概括研究，又有对语汇的组成部分包括谚语、惯用语、歇后语和俗成语等的重点深入研究，从中发现规律，初步建立起比较完整的方言语汇系统。书中还较为详细地探讨了“山药蛋派”作家作品中运用俗语的情况，分析了语言大师赵树理运用民间语言的高超技巧。

2011年10月，人民出版社出版了盛爱萍的《瓯越语语汇研究》。本书提出语汇是由表层结构和深层结构构成的观点。

全书分上、下两编：上编是瓯越语语汇的本体研究，从语言学的角度出发，主要以作者的母语——瓯语为例，研究了瓯越语语汇在语音、词汇、语法、修辞上的主要特点，体现了语汇的“表层结构”。下编是瓯越语语汇的文化研究，以语汇为切入口，研究瓯越地区耕读文化、农商文化、宗族文化、民俗文化和宗教文化等的特点，体现了语汇的“深层结构”。全书近50万字，是地点方言语汇研究的鸿篇巨制。

2016年6月，语文出版社出版了黄冬丽的《〈朱子语类〉语汇研究》。该书的主体是《朱子语类》的成语研究、俗语研究和典雅语研究，初步构建了《朱子语类》语汇研究的理论框架。资料翔实，论证严谨，既填补了《朱子语类》语汇研究的空白，又填补了语汇学专书研究的空白。

2017年，内蒙古大学李树新主持的“中华多民族谚语整理与研究”被批准列入国家社科基金重大项目。8月19、20日在甘肃省天水市召开的第六届全国汉语语汇学学术研讨会上，把中华谚语研究作为重要内容之一，宣读论文20多篇。

2017年12月，山西人民出版社出版了吴建生、安志伟共同主编的《汉语语汇的变异与规范研究》。该书从语言变异的视角出发，研究汉语语汇的变异，包括汉语中成语、惯用语、谚语和歇后语的变异问题，并提出具体的语汇规范的构想。

面对这样的事实，能说“从事‘语汇学’这一新学科研究的学者”，“只有包括温先生在内的一小部分人”吗？能说“其理论著作”“也只有温先生的《汉语语汇学》、《汉语语汇学教程》及2009年10月出版的《汉语语汇研究史》”吗？能说“‘语汇学’的理论研究成果”“雷声大雨点小的现象也是不可否认地存在”吗？事实胜于雄辩，答案应该是非常清楚的。

当然，语汇学毕竟是一门新兴的学科，有一个不断完善的过程。我们并不回避语汇学研究中存在的问题。应该用实事求是的态度去面对。

值得注意的是，新近出版的王希杰《汉语词汇学》（商务印书馆，2018）明确表示支持语汇学。该书称：

> 狭义词汇学把语汇排除在外，因为研究对象繁杂不利于词汇学的科学化。为了词汇学的科学化，可先限制其研究范围。我们支持新出现的“语汇学”，认为语汇学是同词汇学并列的专门研究词的等价物熟语的学问……（231页）

这是我们见到的词汇学专著第一次明确地支持语汇学，并把语汇学认定为同词汇学“并列”的学科。这无疑是一个重大的突破，具有重要的学术意义。当然，认为语汇学是“专门研究词的等价物熟语的学问”，这是我们所不能同意的。其一，我们主张用“语汇”逐步取代“熟语”，其二，语不是“词的等价物”。这在前文已有所论述，这里不再重复。

柒　关于“语汇学”的对象

我在《汉语语汇学》里论及汉语语汇学的研究对象时指出：“如同汉语词汇学以汉语词汇为研究对象，汉语语汇学以汉语语汇为研究对象。”

还认为：“汉语语汇学具有广阔的领域。从纵向看，汉语具有悠久的历史，汉语语汇学可以汉语任何一个历史时期的语汇为研究对象。从横向看，汉民族共同语即普通话和汉语各方言都有丰富的语汇，汉语语汇学首先以民族共同语的语汇为研究对象，也可以各方言区的语汇为研究对象。”

“语汇广泛流行在群众的口语里，同时也被吸收到历代的典籍里，因此，口语里的语汇和书面语里的语汇，都是语汇学的研究对象。”

【问题 1】汉语语汇学的研究对象是否应当是“词组”。

有学者撰文称：

> 汉语语言学中的“语”其实际所指就是现代语言学中所谓的词组，而语汇学就是以语为研究对象的语言学分支学科，它研究的对象就是词组。
>
> “语”作为一个非语言学术语，可以有四种含义：一是指“语言（话）”，二是指“词和固定词组”，三是指“短语（词组）”，四是指“熟语”。作为语言学术语，应当特指“短语

（词组）”。

汉语学中的“语汇”指词组的总汇，也就是短语的总汇。[1]

【回答】

认为“语”作为语言学术语应当特指“短语（词组）”；认为“语汇”是“词组的总汇”；认为语汇学“研究的对象就是词组”。这种看法背离了我们对“语”和“语汇”的定义，背离了我们对语汇学研究对象的论述。

什么是词组？朱德熙《语法讲义》（商务印书馆，1982）有过权威的论述，他说：

语素和语素组合成词（合成词），词和词组合为词组，本书有时也称为句法结构。最简单的词组是由两个词组成的。例如：“新/房子、看/电视、说/清楚、他/同意、菠菜/豆腐”。词组可以自己独立成句，例如：“他同意。”也可以是句子的一部分，例如“我知道他同意”这个句子里的“他同意”。

根据词组内部组成成分之间的语法关系，他把词组分成以下几种类型。

偏正结构（如：“干净衣服”“漂亮的房子”）
述宾结构（如：“洗衣服”“盖房子”）
述补结构（如：“洗干净”“说清楚”）
主谓结构（如：“飞机起飞了”“他是学生”）

---

① 见李小平的《“语汇学”及相关问题》（《汉语学报》2008年4期；（《汉语语汇学研究》，商务印书馆，2009，47—57页）。

联合结构(如:“干净利落”“太阳跟月亮”)

连谓结构(如:“打电话通知他”“上街买菜”)

在《语法答问》(商务印书馆,1985)里,他提出“词组本位”说,主张“在词组的基础上来描写句法,建立一种以词组为基点的语法体系”,以和“句本位”体系相对。“词组本位”说把各类词组看作一种抽象的结构模式,而句子是具体的言语作品,其间是实现(realization)的关系,不是组成(composition)的关系。在进行句法分析时,把词组当作抽象的句法结构,描写、分析其内部构造和外部分布状况,以此构成一种语法体系。

词组又称为“短语”。张斌主编的《新编现代汉语》(复旦大学出版社,2002)第四章语法设专节讨论“短语”,认为“短语是词和词按照一定方式组合起来的语言单位。词和词的组合,可以是实词和实词的组合,也可以是实词和虚词各为一方的组合”。

实词和实词组合的短语主要有以下几种:

1. 主谓短语。由主语和谓语两部分组成。主语是谓语陈述的对象,谓语是说明和陈述主语的。两部分是陈述与被陈述的关系。如:鸡叫、经济繁荣、今天星期三、我国资源丰富。

2. 述宾短语。由述语、宾语两部分组成。前一部分是述语,主要由动词充当;后一部分是宾语,是述语支配、关涉的对象。两部分是支配和被支配的关系。如:有人、喜欢吃、爱干净。

3. 述补短语。由述语、补语两部分组成。前一部分是述语,主要由动词和形容词充当;后一部分是补语,对述语加以补充和说明。两部分是补充和被补充的关系。如:学懂、听得清楚、热得满头大汗。

4. 偏正短语。由修饰语和中心语两部分组成,前一部分是修饰语,分为定语和状语,后一部分是中心语。两个部分之间是修饰和被修饰的关系。如:大型工厂、资料的查找、努力学习、不住地说。

5. 联合短语。由两个或两个以上部分组成,各部分之间有并列、递进、选择等关系。如:教师和学生、又说又笑、伟大而质朴。

6. 同位短语。两个部分相互叠用,相互指称,同表一个事物。如:中国的首都北京、我们大家、他们三位。

7. 连动短语。由两个或两个以上的动词性词语连用,它们之间没有联合、偏正、述宾、述补、主谓等关系,中间没有语音停顿,没有关联词语,也没有复句中分句之间的各种逻辑关系。如:拿笔写字、坐飞机来、有能力完成。

8. 兼语短语。一个述宾短语和一个主谓短语套叠在一起,而且述宾短语中的“宾语”兼作主谓短语的“主语”。如:请他参加、有个村庄叫赵庄。

9. 量词短语。由数词、指示代词、疑问代词与量词组合而成。前一部分是数词、指示代词、疑问代词,后一部分是量词。如:一个(人)、这幅(画)、哪个(人)。

10. 方位短语。由两个部分组成。前一部分是词或短语,后一部分是方位词。如:屋子里、三年内、打完球之后。

实词和虚词各为一方组合的短语,可分为:

1. 介词短语。由两部分组成。前一部分是介词,后一部分是词或短语。如：往北京（挂电话）、在黑板上（写字）。

2．“的”字短语。由两部分组成。前一部分是词或短语，后一部分是助词“的”。如：木头的（容易坏）、男的（排在左边）、来的（都是客）。

3．“所”字短语。由两部分组成。前一部分是助词“所”，后一部分是动词。如：（各取）所需、所珍藏（的书籍）。

4．比况短语。由两部分组成。前一部分是词或短语，后一部分是助词“似的”、“一般”、“一样”、“般”等。如：（乐得）什么似的、雷鸣般的（掌声）。

邢福义的《汉语语法学》（东北师范大学出版社，1996）认为：“作为一种语法单位，短语也叫词组，是由词和词组合而成的小句构件单位。”（150页）该书第二章第五节“各类短语”，首先把短语分为“成分短语”和“非成分短语”。“成分短语”又分为“结构类”和“功能类”。“功能类”又分为名词短语、动词短语、形容词短语；“结构类”又分为“结构关系类”和“结构标识类”。“结构标识类”又分为能愿短语、“的”字短语、介词短语、方位短语、趋向短语、比况短语、数量短语；“结构关系类”又分为“成分配对式”和“依次排列式”。“成分配对式”又分为主谓短语、动宾短语、定心短语、状心短语、心补短语；“依次排列式”又分为联合短语、同位短语。

可见，词组（短语）是语法学的研究对象。把它看成是“语”，并作为语汇学的研究对象，这就使语汇学没有自己的独特研究对象，等于取消了语汇学。

【问题 2】汉语语汇学的研究对象是否过窄，是否应包括各种类型的短语，包括各类固定语和半固定语。

有的学者撰文称：

> 汉语语汇学从词汇学中分立，有利于汉语词语研究的深入和推进。因此语汇学的研究对象不宜界定过窄，从广义上讲，应当包括除了词以外的各种类型的短语；从狭义上讲，应当包括各类固定短语和半固定短语，其中涵盖一般所说的准固定语或类固定语以及广泛应用于对外汉语教学的语块。类似的语言现象均应纳入语汇学的研究范围。①

【回答】

认为"汉语语汇学从词汇学中分立，有利于汉语词语研究的深入和推进"，这是正确的。但认为：语汇学的研究对象，从广义上讲，应包括各种类型的短语，从狭义上讲应包括各类固定短语和半固定短语，值得商榷。

关于把"各种类型的短语"作为语汇学的研究对象，这在上面已经讨论过，这里不再重复。这里只讨论是否可以把"各类固定短语和半固定短语，其中涵盖一般所说的准固定语或类固定语以及广泛应用于对外汉语教学的语块"作为语汇学研究对象的问题。

先说"各类固定短语"。

固定短语也称固定词组，《大辞海·语言学卷》(上海辞书出版社，2003)的解释是："两个以上的词的紧密结合。其句法功能

① 见程荣《语汇学的研究对象与新语的类型特点》(《世界汉语教学》2015年4期)。

相当于一个词。常见的有专名和成语。如“中华人民共和国”“万紫千红”等。把“万紫千红”等成语作为语汇学的研究对象,这没有争议;把“中华人民共和国”等专名作为语汇学的研究对象,显然不妥,这在前面也已经讨论过。

再说“半固定短语”。

《大辞海·语言学卷》没有收“半固定短语”这个术语。一般理解为“准固定语”。刘叔新《汉语描写词汇学》(重排本,商务印书馆,2005)对此有个解释:

> 汉语中普通的固定语,除去成语、惯用语和歇后语之外,还有相当大的一部分一向被学者和一般人所忽略,或者被不适当地归到成语或惯用语中去。它们其实另成一类,同成语、惯用语等相并列,就是准固定语。如:
>
> 小意思　小玩艺儿　小家庭　小瘪三　小日子
> 小小说　小先生　小老婆　大书　大造
> 大嚷　大叫　大悦　大喜　大恚
> 大恸　一笑　一瞥　一程　一伙
> 一阵子　一大宗　不乏　不满　不取
> 不消说　不克　不见得　不介意　不经意
> 不要脸　不像话　不敢当　不自量　不相干
> 不得了　不景气　不是味儿

这些所谓“准固定语”,有许多《现代汉语词典》(第7版)明确标注为词。如:“小意思、小家庭、小日子、小小说、小先生、小老婆”等标注为名词,“大喜、一瞥、不乏、不敢当”等标注为动词,“不满、不要脸、不像话、不得了、不是味儿”等标注为形容词,“一阵子”标注为数量词,“不见得”标注为副词。“大嚷、大叫、大悦、大喜、大恚、大恸”等,《现代汉语词典》(第7版)未收,但一看就是偏正短语。可见,所谓“准固定语”很大一部分是词,还有一部分是短语。把它作为语汇学的研究对象,显然不合适。

再说“语块”。

“语块”源自英语的chunk,意思是“块”“整块”,原本与语言无关。James R.Nattinger 和 Jeanette S.Decarrico 在他们合著的《词组与语言教学》(*Lexical Phrases and Language Teaching*,1992)中,将chunk(块)的概念引入语言教学,但他们对什么是语块并没有给出解释。后来学者的理解也存在分歧。据王吉辉《关于语块的几个问题》一文(见《汉语语汇学研究(四)》(商务印书馆,2017,41—53页)的研究,“语块之成为语块,就须具备如下两个基本条件:其一,它应是一个在词基础上形成的比词大的单位;其二,合在一起的单位须具有某种程度的固定性,或者至少,也得具有关联上的经常性”。据此,该文认为“语块”可分为以下几类:

1. 组合类。又可分为:

a. 两词组合,如:

走你、你看、这不、你好、走好、慢走、慢用、瞧你、玩儿去、好说、对了、还行、罢了、得了、那是、你想、玩儿悬儿

b. 多词组合,如:

不是滋味儿、想开点儿、别往心里去、得了吧、说了算、一块石头落了地、回头见、说的也是、哪儿啊、拿得起、不用说、咱俩谁跟谁啊、有眼光、没说的、谁知道呢、实际上、说实话、不瞒你说、说句心里话、总的来看、照理说、看

得出来、这么说、这样一来、看起来、比方说、也就是说、说到底、俗话说、常言道、去你的、你怎么样、吃饭了吗、您慢走、别来无恙、不好意思、一点儿小意思、敬谢不敏、迟复为歉、哪里哪里、他妈的、他奶奶的

2.搭配类。又可分为：

a. A……B 搭配式，如：

出于……考虑　由于……缘故　拿……没办法

b. AB 搭配式，如：

飞机—起飞/降落　发—牢骚　打—篮球

3. 格式类。又可分为：

a. A……B……格式。如：

上……下……、左……右……、东……西……、既……又……、无论……也……、不但不……反而……、或者……或者……、与其……不如……、要么……要么……、因为……所以……、如果……就……、即使……也……、之所以……是因为……、除了……就是……、虽然……但是……、不是……而是……、连……都(也)……

b. A……，B……，格式。如：

第一……，第二……，第三……

首先……，其次……，再次……，最后……

起先……，后来……

一来……；二来……

c. A……B 格式。如：

还……呢：连这个字都不认识，还老师呢？

大……的：大星期天的，起来那么早干什么？

都……了：都晚上12点了，他怎么还没有回来？

有……呢：别害怕，有老师呢。

d. A(B)……格式。如：

被……：被代表、被统计、被平均、被学习、被考试

从上面所举的例子可以看出，所谓"语块"，与我们所说的"语"相去实在太远，只有组合类中的多词组合，与"语"有些近似，其中"一块石头落了地""别来无恙""敬谢不敏"就是"语"，其他是不是"语"，也大可怀疑。早在20世纪60年代，郎峻章就曾经在其《现代汉语里的惯用语》(《吉林师大学报》1963年1期)一文中主张把"可不是""为的是""想当年""就是了""什么的"等归入惯用语。这个主张，至今得不到学界的认可。迄今为止，所有出版的惯用语辞书，都未见把它们作为条目收入的。由此可见，把所谓"广泛应用于对外汉语教学的语块"作为语汇学的研究对象，估计不大可能得到学界的认可。

【问题3】成语和惯用语是"词"，不宜作为语汇学的研究对象。

王希杰《汉语词汇学》一书认为成语是词，称：

成语经常被看作"语"归入熟语。其实，成语不是"语"而是词。

成语完全符合词的定义。成语形式上具有完整性，不可分割，不可拆开来使用，不可以插入其他成分，其词义不是由组成部分的词素义简单加合而成。词的特点是最小的能够独立运用的语义单位。成语是汉语中最小的能够独立运用的语义单位。语文教师告诫学生，不可以拆开成语，不可在成语中插入任何东西，对成语不

可望文生义，这正是词的特点。汉语的成语是真正的词，四音节的复合词。不能因为成语有四个音节就否认其词的资格，也不能因为“成语”中有个“语”字，就否认成语的词的资格。当然，也不必因为承认成语是词，就改“成语”为“成词”。

该书还认为惯用语是词，称：

“惯用语”多由三音节构成，它是语，还是词？我们认为，惯用语是“词”，不是“语”。因为符合词的定义，第一，有完整的独特的词义；第二，惯用语有完整的、不可分割的形式。这是惯用语区别于短语（词组）的关键。

惯用语多为三字格的，例如：眼中钉、绊脚石、耳边风、马蜂窝、退堂鼓、马虎眼、冷板凳、泼冷水、敲竹杠、和稀泥、背黑锅、出洋相、开夜车、露马脚、灌米汤、穿小鞋、打白条、磨洋工等。惯用语是三音节词中的特殊的一类。动宾结构的惯用语可以插入其他成分，例如：“开一回夜车、敲他的竹杠、泼一盆冷水、灌一盆米汤、打一张白条”等，但不能因此怀疑惯用语的词的资格。这一点上惯用语同离合动词相似。

（以上见该书 102、100 页）

【回答】

成语历来被认为是“熟语”的组成部分，但也有学者认为成语“相当于”词。如张永言《词汇学简论》（华中工学院出版社，1982，123 页）就说：

成语是固定词组（包括“句子形式”的词组）的一种，是熟语的主要部分。成语的意义和结构都很完整，是一个不可分割的统一体。在逻辑上成语一般表示概念，在语法上成语起句子成分的作用，所以，无论从意义上或功能上看，成语都相当于语言里的词。

王希杰《汉语词汇学》则更进一步，不认可成语“是熟语的主要部分”，也不用“相当于”，直接认定成语是“词”。

我们不同意这个观点，理由是：成语不符合词的定义，而符合语的定义。

词的定义，按照王希杰《汉语词汇学》的说法：

> 词可以这样定义：“词(word)是语言中最小的能够独立运用的音义结合体。”(43 页)

又说：

> 这个词可以定义为：语言中最小的有意义的可以独立运用的单位。(44 页)

表述虽有不同，但“最小”是一致的。

什么是“最小”？该书解释说：“所谓‘最小’就是不能分割。”(43 页)

然而成语不是语言里“最小”的单位。一般是由词和词组成的(有少数成语，组成成分中含有现代不成词但古代是词的成分)，是大于词的语言单位，因而是可以分割的。就拿该书所举的以语素“人”构成的成语“人地生疏、人定胜天、人才辈出、人浮于事、人杰地灵、人心所向、人喊马嘶、人困马乏、人老珠黄、人面兽心”等来看，就都是这样。如：“人地生疏”是由“人”“地”“生疏”三个词(语素)构成的；“人定胜天”是由“人”“定”“胜”“天”四个词(语素)构成的；“人才辈出”是由“人才”“辈”“出”三个词(语素)构成的；“人浮于事”，是由“人”“浮”

"于""事"四个词(语素)构成的,其中"于"还是虚词;"人杰地灵"是由"人""杰""地""灵"四个词(语素)构成的;"人心所向"是由"人心""所""向"三个词组成的,其中"所"也是虚词。其他,可以类推。

这说明,从结构形式上看,成语可以由实词(包括现代不成词但古代是词,下同)和实词构成,也可以由实词和虚词构成。可见成语是大于词的语言单位,这不符合"词"的定义,而符合"语"的定义。

再从意义上看,成语的语义不是概念性的,而是叙述性的。试看《现代汉语词典》(第7版)对"人"字开头的成语的释义:

> 【人地生疏】初到一个地方,对那里的情况和当地的人都不熟悉。
>
> 【人定胜天】指人力能够战胜自然。
>
> 【人浮于事】工作人员的数目超过工作的需要;事少人多。
>
> 【人杰地灵】人物杰出,山川有灵气。指杰出的人物出生或到过的地方成为名胜之区,也指杰出人物生于灵秀之地。
>
> 【人老珠黄】妇女年老失去青春容颜,就像珍珠年久变黄不值钱一样。
>
> 【人面兽心】面貌虽然是人,但心肠像野兽一样凶恶残暴。

如此等等,都说明成语的语义是叙述性的,不同于概念性的词义。

诚然，“成语形式上具有完整性，不可分割，不可拆开来使用，不可以插入其他成分，其词义不是由组成部分的词素义简单加合而成”，但不能据此断定成语是“词”，不是“语”。“大眼瞪小眼”“众人拾柴火焰高”“东一榔头，西一棒子”，“各人自扫门前雪，不管他家瓦上霜”，乃至“一个和尚挑水吃，两个和尚抬水吃，三个和尚没水吃”，也都是“形式上具有完整性，不可分割，不可拆开来使用，不可以插入其他成分，其词义不是由组成部分的词素义简单加合而成”，但未见有人，包括《汉语词汇学》的作者，认为它们是“词”，而不是“语”。

刘叔新著《汉语描写词汇学》（重排本，商务印书馆，2005，33—34页）写道：

> 具有了完整定型性的语言建筑材料单位，未必就是词，而可能是固定语。如“居心叵测”“囫囵吞枣”“杯弓蛇影”“一问三不知”“风马牛不相及”“有过之而无不及”，都各自独立地作为一个单位整体而为人们所理解和掌握，并独立出现在语句组合中，又都具有十分稳定的语音形式和意义，即这里每一个单位都是充分完整、定型的。但是它们并不成其为词，而是无可置疑地是若干个词所构成的组合体，是十足的固定语。对这种判断，未必有谁能持异议。因此，词还必须是一种最小的完整定型的材料单位。所谓“最小”，就是本身不能再分出两个或更多个完整定型的语言建筑材料单位。“居心叵测”可以分出“居心”“叵”“测”三个完整、定型的材料单位；“囫囵吞枣”可以分出“囫囵”“吞”“枣”三个这样的单位；“杯弓蛇影”“一问三不知”“风马牛不相及”等都可各分出若干这类单

位来。因此，它们都不是最小的完整定型的材料单位，不可能是词，而只能是大于词的固定语。“居心”“叵”“测”“囫囵”“吞”“枣”等等，才是最小的完整、定型的材料单位，是词……

我们基本赞同这个观点。说“基本”，是因为我们不赞成用含义宽泛的“固定语”这个术语。

把惯用语认定为词，同样站不住脚。

说惯用语“多由三音节构成”，这是过时的观点。三音节惯用语，只是惯用语的一部分，多数惯用语是四个音节或四个以上的音节。

对于“三字格”要作具体分析。“眼中钉、绊脚石、耳边风、马蜂窝、退堂鼓、马虎眼、冷板凳”与“泼冷水、敲竹杠、和稀泥、背黑锅、出洋相、开夜车、露马脚、灌米汤、穿小鞋、打白条、磨洋工”，性质不同，不能混为一谈。前者的意义是概念性的，是词。《现代汉语词典》(第7版)都标明是“名词”。后者《现代汉语词典》(第7版)都没有标明词性，说明不是词。

“泼冷水、敲竹杠、和稀泥、背黑锅、出洋相、开夜车、露马脚、灌米汤、穿小鞋、打白条、磨洋工”等，在结构上和“唱对台戏”“喝西北风”“吃闭门羹”“啃硬骨头”“打如意算盘”“戴有色眼镜”“卖狗皮膏药”等是一样的。在结构形式上都是由词和词组合成的，是语言里大于词的单位。在意义上不是概念性，而是叙述性的。它们都符合“语”的定义，而不符合“词”的定义。

周荐《惯用语新论》(《语言教学与研究》1988年1期)说：“‘惯用语’的所指只能是语的一种，而不能是词，也不能兼指语和词。”我们赞同这个观点。

捌　关于“语词学”的建立

2006年，我在山西省语言学会2006年年会上宣读的《“语词分立”与语汇教学》(未刊)一文中曾提出建立“语词学”的设想。2008年第七届全国词汇学学术研讨会上，我宣读了《再论语词分立》一文，提出在“语词分立”基础上，实现“语词合一”，建立汉语词语学的建议。认为“语词分立”并不意味着语、词对立。把语和词绝对地对立起来，人为地割断它们之间的内在联系，同样是不可取的。语和词、语汇和词汇，是汉语里同中有异、异中有同的密不可分的“孪生”单位。从异的方面考虑，可以建立彼此平行的词汇学和语汇学，而从同的方面考虑，则有必要建立汉语词语学(或称汉语语词学)。

【问题】建立“语词学”是否“稍显匆忙”。

有学者撰文称：

“词语学”，如果是在变身后的“语汇学”和瘦身后的“词汇学”之上建立起来，它的前提是“语汇学”和“词汇学”分袂的成立，它们两者的研究方法和研究对象存在着不同；之后，才能考虑在“语汇学”、“词汇学”之上建立一个统辖这两者的“词语学”。如今，“语汇学”和“词汇学”在研究方法和研究内容上有何不同尚未能说清，即考虑在它们之上建立一个“词语学”，是否稍显匆忙？拟建立的“词语学”与此前早已存在的“词汇学”是何种关系？与拟下辖的“词汇学”、“语汇学”是何种关系？跟这个“词语学”平行的或相邻的学科都有哪些？各是何种关系？如何展开互补性研究？上述问题倘搞不清楚，就为“词汇学”、“语汇学”推出“词语学”这样一个上位概念来，是否稍显唐突？如此仓促搭建起来的学科系统能否成立？这些都是值得认真考虑的。此外，不新建立“语汇学”这么个学科，是否就不可以进行研究了呢？这也是值得人们思考的一个问题。[①]

【回答】

建立语词学（或称“词语学”），是我们多年前提出的一种设想，这些年来，我们一直致力于把这种设想变为现实。在这种情况下，提出“‘语汇学’和‘词汇学’在研究方法和研究内容上有何不同尚未能说清，即考虑在它们之上建立一个‘词语学’，是否稍显匆忙”的问题，是有意义的。词语学与拟下辖的“词汇学”“语汇学”是何种关系？跟这个“词语学”平行的或相邻的学科都有哪些？各是何种关系？如何展开互补性研究？这些问题也值得思考。

不过，提出建立“语词学”的设想，并非没有依据。依据就是“语”和“词”在性质上有相同的一面。我在《再论语词分立》一文里认为：语和词至少有三点是一致的：

1. 都是语言单位。

① 见周荐《语词分合问题引发的若干思考》（《世界汉语教学》2014年4期）。

2. 都是语言的现成的“建筑材料”。

3. 都肩负着使用这种语言的民族的传统文化。

正是这些“一致”的一面，为建立“语词学”提供了理论基础。通过语、词之间异同的系统性比较，是有可能建立汉语语词学的。我在《再论语词分立》一文里还构拟了“语词学”的理论体系：

第一章：词语 词语学

第一节：词语的性质和范围

第二节：词汇和语汇

第三节：词语学的对象和分科

第二章：词语的分类

第一节：词的分类

词的分类原则

词的分类系统

第二节：语的分类

语的分类原则

语的分类系统：谚语、惯用语、成语、歇后语

第三章：词语的构造

第一节：词的构造

第二节：语的构造

第四章：词语的意义

第一节：词义

第二节：语义

第三节：词语意义的类聚

第五章：词语的发展和演变

第六章：方言词语

第七章：词典和语典

第八章：语词研究的回顾和前瞻

这个理论体系未必完善，但它表明可能性是存在的。

我曾经试写了“语词学”部分章节，表明是可行的。以“语词的分类”为例。词和语都可以进行分类，分类标准和具体做法既有相同或相似的一面，又有不同的一面。

相同或相似的一面，表现在：按历史属性分类，可分为古词和新词，古语和新语；按吸收来源分类，可分为外来词和外来语、方言词和方言语、行业词和行业语。

不同的一面，词可以按语法功能分类，而语则不能；语可以按形式与内容相结合的方法进行分类。

再以“方言词语”为例，也是既有相同、相似的一面，又有不同的一面，是可以进行比较研究的。

在系统性方面，方言词汇具有系统性，方言语汇也具有系统性。

方言词汇的系统性表现在：

1. 方言和民族共同语一样也有自己的基本词汇和一般词汇。有些基本词汇是共同语和方言共有的，例如天、地、山、水、红、白、上、下；有些基本词汇是某些方言或某一方言特有的。例如：

吴语区：汏（洗）、望（看）、掮（扛）、驮（背）、调（换）、拎（拿）、着（穿）、滞（滴）、吓（怕）、揿（按）、掼（摔）、洞（窟窿）、镬（锅）、勿（不）、老（很）。

闽语区：粟（稻谷）、秫（糯米）、箬（叶子）、曝（晒）、惊（怕）、腹（肚子）、晏（迟）、褪（脱）、囝（儿子）、鼎（锅）、侬（人）、喙（嘴）、厝（家、房子）、垒（泥土）。

粤语区：遮（伞）、樽（瓶）、送（菜肴）、攞（拿）、除（脱）、谂（想）、争（差、欠）、饮（喝）、喊（哭）、啵（球）、料（馅儿）、倾（交谈）。

2. 方言词汇可以按意义和语法功能进行分类。如太原方言词汇就可分为：(1)天文、地理；(2)时间、节令；(3)动物；(4)植物；(5)饮食；(6)服饰；(7)房舍；(8)日常用具；(9)工业、农业；(10)商业、交通；(11)文化、娱乐；(12)人体、疾病；(13)人品、詈词；(14)亲属称谓；(15)方位；(16)动作；(17)性质、状态；(18)代词；(19)量词；(20)副词、介词、连词。（见温端政《太原方言词汇》,《方言》1981 年 4 期）

方言语汇的系统性，最主要的表现是方言语汇同共同语语汇类似，可以分为方言成语、方言谚语、方言惯用语和方言歇后语。

再看方言词语与民俗的关系。有些方言词是由当地的民俗生成的，反映着当地的民俗。如“剔尖（用铁筷子剔成的面食）”、“拨鱼儿（在盘或碗里剔成的白面或杂面面食）”、“抿尖尖（用特制的镲子制成的杂面面条儿）”、“圪垛儿（面和好后，捏成一小块，用拇指在另一只手的手腕上搓成小窝窝，蒸熟吃）”、“拌烂子（下面放菜，上面放面粉，蒸熟后炒着吃的一种食品）等，都反映山西饮食习俗的特点。

方言语和方言词一样是地域文化的载体，与当地的民俗有密切联系，反映着当地的民俗文化。以温州方言歇后语为例：

①茶壶里煠（煮）粽——肚里有，倒不出

②正月初一送元宝——句句讲好

北方人喜欢吃饺子，故有歇后语“茶壶里煮饺子——肚里有，倒不出”。温州人则喜欢吃粽子，故把前语说成“茶壶里煠（煮）粽”。粽的种类很多，以纯糯米包成的，俗称米粽；有在糯米中加入豇豆或赤小豆的，俗称豆粽；有在糯米中加入番薯的，俗称为番薯粽。粽子的形状以四角为主，俗称角粽。一般是四十个粽扎一把，内有一个特大的叫“粽娘”，一个特小的，叫“子孙粽”。“粽娘”和“子孙粽”是婿家专送丈母娘的。普通的叫“新庚粽”，是分送邻居和一般亲友的。包粽要用箬竹的叶子，缠粽子的绳子要用棕榈叶片，也很讲究。

旧时温州有正月初一送元宝的习俗。人们把用红糖米塑成的元宝，缚在万年青的树枝上，挨门挨户送并说吉利话“好”：“元宝进门台，好！金银大发财，好！积德积善前世修，好！元宝扭一扭，好！养猪大如牛，好！元宝显一显，好！赤脚蓬头刘海仙，好！刘海仙戏金蟾，好！金钱银钱送上府来，好！福禄寿禧万万年，好！”（以上见盛爱萍《瓯越语语汇研究》，人民出版社，2011，第349—351页）

由此可见，建立以语与词、语汇与词汇比较研究为基础的“语词学”，不是不可能的。当然，建立一门新的学科，不可能一蹴而就。说易行难，需要考虑的问题，除了“词语学”与此前早已存在的“词汇学”是何种关系、与拟下辖的“词汇学”“语汇学”是何种关系、跟这个“词语学”平行的或相邻的学科都有哪些，各是何种关系、如何展开互补性研究，等等问题之外，更重要的是要考虑如何建立词语学本身的理论体系。

困难是客观存在。问题是,是不是有困难,就止步不前呢?我们想,只要潜心研究,一步一步摸索,这些问题都是可以得到解决的。多年来,我正是抱着这种想法,一点一点地积累,终于完成了约二十万字的《语词学基础》。问世后将接受读者的检验。

玖　关于“语典学”的创建

我在《论字典、词典、语典三分》(《辞书研究》2014年第2期)一文里指出:实行“字典”“词典”“语典”三分,建立与“字典学”“词典学”并行的“语典学”便势在必行。

【问题】建立“语典学”是否缺乏“语料基础和事实依据”。

有学者撰文称:

> “语典”是从“词典”中析出的概念,“语典学”是从“词典学”中独立出来的术语。它们的析出和独立是“语词分立”“语汇学”倡立的产物。然而,一个学科能否从原有学科中析出而独立,并不应仅看其是否另起炉灶有了一套新的术语,而要看其是否具备学科独立存在的学术基础。“语典”和“语典学”若想独立,不但须有与“词典”“词典学”分开的切实的语料基础和事实依据,还需要作为其理论张本的“语词分立说”成立才行。[1]

【回答】

分析这段话,可以看出有两个意思:一是说,“语词分立”说,尚且遭到质疑,能不能成立也很难说,哪里能谈得上“字

① 见刘静静《“语词分立”和“语典学”的立异》摘要(《辞书研究》2016年1期)。

典、词典、语典三分及'语典学'的建立"呢？一是说，"字典、词典、语典三分及'语典学'的建立"缺乏"语料基础和事实依据"。

关于"语词分立"说能否成立，在本书的第一部分已经讨论过，这里不再重复。这里只讨论所谓"语料基础和事实依据"。

先说"语料基础"。什么是"语料"？《现代汉语词典》(第7版)的解释是："语言材料，是编写字典、词典和进行语言研究的依据。"这说明，语料是编写字典、词典(当然也包括语典)的依据，它与"字典、词典、语典三分及'语典学'的建立"没有关系。

关于"字典、词典、语典三分"的"事实依据"，我在《论字典、词典、语典三分》(《辞书研究》2014年2期)一文的第二部分"字典、词典、语典三分的事实基础"里有过详细的叙述。这里补充两个新的材料。

一是《汉语语文辞书的状况与发展研究》(解海江、章黎平、王敏著，商务印书馆，2015)一书提供的资料：1978年至2000年，共出版语文辞书3658部，其中字典875部，词典1595部，语典727部。2001年至2010年，共出版语文辞书2641部，其中字典572部，词典680部，语典761部。语典出版的数量已经超过字典和词典，"三分"的趋势十分明显。

二是《新华语典》(商务印书馆，2014)的出版。商务印书馆辞书研究中心在该书"出版说明"里称："《新华语典》是一部中型语典，意在同《新华字典》《新华词典》配合，从字、词、语的角度，全方位展示现代汉语的面貌。"这表明，《新华语典》的出版，意味着语文辞书"字典、词典、语典三分"说，已经是毋庸置疑的客观事实。

正因为"字典、词典、语典三分"说有充分的事实依据，因此这个主张一提出来就得到广泛的支持。杨蓉蓉的《也谈字典、词典、语典三分》(《汉语语汇学研究》(二)，商务印书馆，2011，163—184页)一文认为："字典、词典、语典三分是词汇学、语汇学、辞书学理论研究的需要"，"是语类辞书编纂实践的需要"；"有生命力的理论，不管面对多少困难，是一定会成长起来的，字典、词典、语典三分迟早是会实现的，我们对此充满信心。"盛爱萍、吴浩合写的《再论语汇研究与语典编纂》(《辞书研究》2010 年 3 期)一文认为："与语汇并行的词汇和文字都有与之相对应的'词典'、'字典'作为辞书名称。现有的语典却以'词典'或'辞典'命名，显然与语汇研究现状不符。"《汉法大词典》主编黄建华《对修订〈汉法大词典〉的期许》(《辞书研究》2016 年 5 期)一文，也对"字典、词典、语典三分"说表示支持。该文称："笔者早就注意到'语词分立'或'字典、词典、语典三分'之说(温端政 2002、2014)，尽管有质疑之声(刘静静 2011)，但我是赞成前说的。"

"字典、词典、语典三分"说有充分的事实依据，建立"语典学"是不是也有充分的事实依据呢？是不是"立异"呢？看来，对这个问题有必要作一番辨析。

应当承认，比起字典、词典编纂的研究，语典编纂的研究要薄弱得多。然而，这种情况正在改变。

由于成语类辞书出版较早，也较多，对成语类辞书编纂的研究，起步也较早。就拿《辞书研究》来说，早在 1981 年第 4 期、1985 年第 6 期就先后发表了陈汝法《成语引源说略》和刘叶秋《论汉语辞书中的成语》，对成语的辞书编纂作初步探讨。1991年第4期发表的刘尚慈《成语辞书编纂与成语探源》，对成语辞书编纂作了进一步的研究。1992年第4期发表的何华连《汉语成语辞书编纂出版评述》，对1949年到1991年之间我国大陆编纂出版的汉语成语辞书作了全面、深入的叙述；1994年第6期更是以"专辑·成语词典编纂研究"的名义，集中发表了四篇文章。

随着谚语类语典、惯用语类语典、歇后语类语典，以及综合性的语典的出版，语典编纂研究出现了新气象。商务印书馆2006年出版的《汉语语汇学教程》设有"语典"专章，论述了语典的性质和功能、语典的类型和结构，以及语汇研究对语典编纂的指导作用。

在2007年5月和7月先后召开的"海峡两岸《康熙字典》学术研讨会"和首届全国汉语语汇学学术研讨会上，我分别宣读了《语典的兴起及其对文化传承的贡献》和《语汇研究与语典编纂》两文，标志着语典编纂研究的新起点。

《辞书研究》2013年第3期设"语汇学与语典编纂专辑"，其中研究语典编纂的有《再论语汇研究与语典编纂》（盛爱萍等）、《歇后语词典编纂中的创新思维》（温朔彬）、《谚语中关键性语素的类型及解释》（付乔）、《语汇学理论指导语典编纂的成功案例——〈现代汉语小语典〉读后》（黄冬丽）等文。

更加引人注目的是，围绕《新华语典》编纂所开展的语典编纂研究。商务印书馆2011年10月出版的《汉语语汇学研究（二）》，集中发表了十篇有关《新华语典》编纂的研究论文。其中包括：

《新华语典》立目和释义的思考(温端政)

《新华语典》的立项与构想(乔永)

《新华语典》惯用语立目问题研究(吴建生)

略谈《新华语典》惯用语例句的编写(巫建英)

《新华语典》成语的立目和释义(辛菊、杜雪芬)

《新华语典》歇后语的编写实践(张光明)

歇后语的暗示义与释义——编写《新华语典》歇后语部分的一点体会(张梅梅)

略谈编写《新华语典》名言部分的体会(周文芳)

从结构变化和细微差异辨析“语”的类型(王海静)

创新思维在《新华语典》编纂中的运用(温朔彬)

商务印书馆2017年8月出版的《汉语语汇学研究(四)》,又发表了四篇有关《新华语典》编纂的研究论文。其中包括:

论《新华语典》的学术意义(温端政)

《新华语典》与《现代汉语词典》成语用例对比探析——以“Y”部成语为例(辛菊、丁春江)

编研互进,原创经典——《新华语典》评介(陈玉庆)

谈谈《新华语典》成语部分的编写(温朔彬)

此外,对《语海》编纂的研究也发表了多篇文章。

上述这些研究论文,为语典学的建立打下了坚实的基础。

更为重要的是,2010年,我主持的《语典编纂的理论与实践》,被批准列入国家社会科学基金项目。经专家鉴定通过,被批准结项后,由商务印书馆于2014年1月出版。鉴定专家认为,本书具有以下几个“鲜明的特色”:

第一,理论与实践相结合。通读全文可以看出,本成果的作者既是一位杰出的谚语、歇后语、惯用语、成语及综合类词(语)典的编纂家,具有丰富的辞书编纂经验,同时也是一位优秀的语汇、语典编纂理论的研究者。语典编纂实践经验的积累与语典编纂理论、语汇学理论的深入研究是相互作用的。正如作者所说:"语典编纂前期收集的大量语料,在为语典编纂提供资料基础的同时,也为语汇研究提供资料基础。"而辞书的编纂,尤其是大中型优秀辞书的编纂更离不开辞书理论及词汇学、语汇学理论的支撑,只有对"语"的性质和分类充分研究,才能保证语典选词立目的科学性;只有对"语"的语义特点全面研究,才能保证语典释义的原则和方法正确可行。作者在数十年语典编纂工作的基础上不断进行理论思考,这些理论在辞书编纂中不断丰富并接受实践的检验,反过来又进一步指导新的辞书编纂。

第二,原创性。作者提出了辞书学领域的新范畴——语典和语典学。作者基于我国目前语文辞书编纂和出版的现状,提出语典和字典、词典三分的主张。已有的语典还没有独立的名称,被称为词典或辞书,小型的称为"小词(辞)典",大型的称为"大词(辞)典"。"研究字典编纂理论的学科称为字典学。"(赵振铎《字典论》,上海辞书出版社,2001,第 9 页)以此类推,研究词典编纂的理论称为词典学。语典学则是研究语典编纂理论的学科。另外,本成果是作者数十年语典编纂的理论思考和切身经验总结,目前语典编纂的综合性理论基本处于空白的状态,本成果的原创性价值很高。

第三，系统性。本成果从语典的客观结构到微观结构，从语典的立目、语性、注音、释义到例证，体现出明显的系统性。以语典的立目问题为例，语汇具有系统性，语典的立目也具有系统性。作者认为："如何确保语典立目的科学性？这里的关键是明确语的性质，确定语的内涵和外延，划清语与词(特别是复合词)的界限，划清语和自由词组的界限。"这一观点是令人信服的。面对目前成语语典、谚语语典、惯用语语典、歇后语语典等专语语典编纂中条目混乱、交错混合的状况，作者依次讨论了不同专语语典的立目问题，不仅在理论上解决了不同专语语典的立目问题，并且在主编的《新华歇后语词典》《新华惯用语词典》《新华谚语词典》等专语语典中得以成功运用。

鉴定专家还认为：

本成果是在各类语典编纂实践的基础上撰写而成的理论思考与实践总结，在语典理论和语典编纂实践的探讨上都有创新。具体表现在以下几方面：(1)科学界定了"语"以及其下位概念(成语、谚语、惯用语、歇后语)，提出并论证了字典、词典、语典三分的理论依据，为语典学的创立奠定了科学的基础，丰富发展了汉语语汇学。(2)我国辞书界对成语的研究和成语词典的编纂比较有成绩，而对谚语典、歇后语典和惯用语典编纂的研究则比较薄弱，本课题在这方面的理论研究和实践总结是较有深度和广度的。(3)本课题在语典编纂现代化上迈出可喜的一步，创建了一个一千多万字的可多功能检索的"汉语俗语语料数据库"，这也填补了汉语特色语料库的一个空白。

鉴定专家的上述意见是中肯的，特别是指出《语典编纂的理论与实践》为语典学的创立奠定了科学的基础。这表明，语典学的创立不再是能否的问题，而已经逐步成为现实。

引用、参考文献

(一)专著

吕叔湘《语法学习》,中国青年出版社,1953

王力《中国现代语法》,中华书局,1954

孙常叙《汉语词汇》,吉林人民出版社,1956

周祖谟《汉语词汇讲话》,人民教育出版社,1959

北京大学中国语言文学系语言学教研室编《语言学基础》,高等教育出版社,1959

胡裕树主编《现代汉语》(修订本),上海教育出版社,1979

朱德熙《语法讲义》,商务印书馆,1982

张永言《词汇学简论》,华中工学院出版社,1982

张志公主编《现代汉语》(试用本),人民教育出版社,1982

武占坤、王勤《现代汉语词汇概要》,内蒙古人民出版社,1983

朱德熙《语法答问》,商务印书馆,1985

符淮青《现代汉语词汇》,北京大学出版社,1985;增订本,2004

葛本仪《汉语词汇研究》,山东教育出版社,1985

温端政《歇后语》,商务印书馆,1985

温端政《谚语》,商务印书馆,1985

孙维张《汉语熟语学》,吉林教育出版社,1989

刘叔新《汉语描写词汇学》,商务印书馆,1990

吴宗济《现代汉语语音概要》,华语教学出版社,1991

林祥楣主编《现代汉语》,语文出版社,1991

温端政、周荐《二十世纪的汉语俗语研究》,书海出版社,1998

胡明扬主编《语言学概论》,语文出版社,2000

许威汉《二十世纪的汉语词汇学》，书海出版社，2000

葛本仪《现代汉语词汇学》，山东人民出版社，2001

张斌主编《新编现代汉语》，复旦大学出版社，2002

北京大学中文系现代汉语教研室编《现代汉语》，商务印书馆，2003

吕叔湘《汉语语法分析问题》，商务印书馆，2005

刘叔新《汉语描写词汇学》（重排本），商务印书馆，2005

温端政《汉语语汇学》，商务印书馆，2005

温端政主编《汉语语汇学教程》，商务印书馆，2006

武占坤《汉语熟语通论》（修订版），河北大学出版社，2007

邵敬敏主编《现代汉语通论》（第二版），上海教育出版社，2007

卢英顺《现代汉语语汇学》，复旦大学出版社，2007

刘福根《汉语詈词研究》，浙江人民出版社，2008

温朔彬、温端政《汉语语汇研究史》，商务印书馆，2009

吴建生、李淑珍《三晋俗语研究》，书海出版社，2010

沈玮《汉语俗语的文学图像》，世界图书出版公司，2010

盛爱萍《瓯越语语汇研究》，人民出版社，2011

温端政、温朔彬《惯用语》，商务印书馆，2014

温端政、温朔彬《语典编纂的理论与实践》，商务印书馆，2014

解海江、章黎平、王敏《汉语语文辞书的状况与发展研究》，商务印书馆，2015

黄冬丽《〈朱子语类〉语汇研究》，语文出版社，2016

周荐《词汇论》，商务印书馆，2016

陈长书《汉语歇后语研究》，中国社会科学出版社，2016

吴建生、安志伟主编《汉语语汇的变异与规范研究》，山西人民出版社，2017

王希杰《汉语词汇学》，商务印书馆，2018

（二）论文

茅盾《关于"歇后语"》，《人民文学》，1954 年 6 月号

吕叔湘《语言与语言学》,《语文学习》,1958 年第 2、3 期

黄景欣《试论词汇学中的几个问题》,《中国语文》,1961 年第 3 期

郎峻章《现代汉语里的惯用语》,《吉林师大学报》,1963 年第 1 期

温端政、沈慧云《"龙虫并雕"和"语"的研究——敬以此文纪念王力先生百年诞辰》,《语文研究》,2000 年第 4 期

温端政《论语词分立》,《辞书研究》,2002 年第 6 期;《词汇学理论与应用》(二),商务印书馆,2004;《〈辞书研究〉三十年论文精选》,上海辞书出版社,2009

温端政《"语词分立"和方言语汇研究——重温吕叔湘〈中国俗语大辞典·序〉》,《语文研究》,2005 年第 2 期

温端政《也谈"语汇重要,语汇难"》,《语文研究》,2006 年第 3 期

吴芳《俄汉熟语概念的对比分析》,《中国俄语教学》,第 25 卷第 1 期,2006 年 2 月

李行杰《构建中国语言学特有的语汇学——读温端政〈汉语语汇学〉》,《语文研究》,2006 年第 1 期

乔永(笔名张星)《汉语言研究领域的新拓展》,《文汇读书周报》,2006 年 1 月 27 日

沈怀兴《读温端政〈汉语语汇学〉》,《语文建设通讯》(香港),2006 年 4 月

温朔彬《"语词分立说"的提出及其影响》,《运城学院学报》,2006 年第 6 期

温端政《语汇研究与语典编纂》,《语文研究》,2007 年第 4 期

温端政《语典的兴起及其对文化传承的贡献》,《辞书研究》,2007 年第 5 期;《中华字典研究》第一集,中国社会科学出版社,2009

柳长江、王海静、邢甜、江帅《关于目前语文辞书市场情况的调查分析报告》,《辞书研究》,2008 年第 6 期

李小平《"语汇学"及相关问题》,《汉语学报》,2008 年第 4 期;《汉语语汇学研究》,商务印书馆,2009

张振兴《语汇学之成立》,《汉语语汇学研究》,商务印书馆,2009

李如龙《语汇学三论》,《汉语语汇学研究》,商务印书馆,2009;《汉语词汇学论集》,厦门大学出版社,2011

李行杰《语词分立势在必行》,《汉语语汇学研究》,商务印书馆,2009

白平《关于“语”和“词”分立问题的思考》,《汉语语汇学研究》,商务印书馆,2009

史秀菊《关于“语”和非“语”的界限问题》,《汉语语汇学研究》,商务印书馆,2009

韩敬体《词语的混同、分立与辞书编纂问题》,《汉语语汇学研究》,商务印书馆,2009

晁继周《熟语的分类和词典收语问题》,《汉语语汇学研究》,商务印书馆,2009

程荣《从词典编纂的角度看语汇学的相关问题》,《汉语语汇学研究》,商务印书馆,2009

李志江《试论〈现代汉语词典〉熟语的收录原则》,《汉语语汇学研究》,商务印书馆,2009

张绍骐、张志毅《简单枚举和定量分析——成语和惯用语典型群的建立》,《汉语语汇学研究》,商务印书馆,2009

吴建生《惯用语的界定及惯用语词典的收目》,《汉语语汇学研究》,商务印书馆,2009

李淑珍《惯用语释义中的前置提示词》,《汉语语汇学研究》,商务印书馆,2009

范瑞婷《歇后语双关初探》,《汉语语汇学研究》,商务印书馆,2009

张梅梅《试论歇后语的多义性》,《汉语语汇学研究》,商务印书馆,2009

辛菊《“语词分立”对传统语法教学研究的冲击》,《汉语语汇学研究》,商务印书馆,2009

曾昭聪《明清俗语辞书研究综述》,《汉语语汇学研究》,商务印书馆,2009

杨蓉蓉《一门新兴的有待完善的学科——读〈汉语语汇学〉〈汉语语汇学教程〉》,《汉语语汇学研究》,商务印书馆,2009

马贝加、朱赛萍《汉语语汇学的开山力作——评〈《汉语语汇学》〉》,《汉语语汇学研究》,商务印书馆,2009

刘丽梅《关于语汇体系构拟的新思考》,《现代语文》,2009 年第 1 期

温端政《树立正确的辞书编纂苦乐观》,《辞书研究》,2009 年第 6 期

沈玮《论汉语俗语的文学图像》(博士论文),2009 年 10 月

刘冬青《成语界说——兼评《汉语语汇学》成语划分标准》,《五邑大学学报》(社会科学版),2009 年第 11 期;《汉语语汇学研究》(二),商务印书馆,2011

温端政《再论语词分立》,《辞书研究》,2010 年第 3 期;《词汇学理论与应用》(五),商务印书馆,2010

盛爱萍、吴浩《再论语汇研究与语典编纂》,《辞书研究》,2010 年第 3 期

温朔彬《歇后语词典编纂中的创新思维》,《辞书研究》,2010 年第 3 期

付乔《谚语中关键性语素的类型及解释》,《辞书研究》,2010 年第 3 期

黄冬丽《语汇学理论指导语典编纂的成功案例——〈现代汉语小语典〉读后》,《辞书研究》,2010 年第 3 期

周荐《中国词汇学发展需明晰定位》,《中国社会科学报》,2010 年 5 月 18 日

郑述谱《从词汇学的辖域说开去——读周荐文章所想到的》,《中国社会科学报》,2010 年 7 月 13 日

黄忠廉《创立语汇学有学理支撑》,《中国社会科学报》,2011 年 3 月 8 日

周伟良《我国成语典出版与市场的调研分析》,《辞书研究》,2011 年第 1 期

黄冬丽《语典编纂的继承与创新》,《编辑之友》,2011 年第 7 期

王海静《汉语语汇正名之说 语典编纂指导之作——温端政〈汉语语汇学〉解读》,《名作欣赏》,2011年第5期

刘静静《也谈"语词分立"》,《辞书研究》,2011年第6期

温端政《〈新华语典〉立目和释义的思考》,《汉语语汇学研究》(二),商务印书馆,2011

乔永《〈新华语典〉的立项与构思》,《汉语语汇学研究》(二),商务印书馆,2011

吴建生《〈新华语典〉惯用语立目问题研究》,《汉语语汇学研究》(二),商务印书馆,2011

巫建英《略谈〈新华语典〉惯用语例句的编写》,《汉语语汇学研究》(二),商务印书馆,2011

辛菊、杜雪芬《〈新华语典〉成语的立目和释义》,《汉语语汇学研究》(二),商务印书馆,2011

张光明《〈新华语典〉歇后语的编写实践》,《汉语语汇学研究》(二),商务印书馆,2011

张梅梅《歇后语的暗示义与释义——编写〈新华语典〉歇后语部分的一点体会》,《汉语语汇学研究》(二),商务印书馆,2011

周文芳《略谈编写〈新华语典〉名言部分的体会》,《汉语语汇学研究》(二),商务印书馆,2011

王海静《从结构变化和细微差异辨析"语"的类型》,《汉语语汇学研究》(二),商务印书馆,2011

温朔彬《创新思维在〈新华语典〉编纂中的运用》,《汉语语汇学研究》(二),商务印书馆,2011

杨蓉蓉《也谈字典、词典、语典三分》,《汉语语汇学研究》(二),商务印书馆,2011

史素芬《谈谚语的变异问题》,《汉语语汇学研究》(二),商务印书馆,2011

范瑞婷《试析惯用语与自由词组的形似义异》,《汉语语汇学研究》(二),商务印书馆,2011

马启红《体词性三音节组合与惯用语的分野》,《汉语语汇学研究》(二),商务印书馆,2011

曾昭聪《论明清俗语辞书的收词特点——兼论辞书编纂中的“语词分立”观与“语词兼收”观》,《暨南学报》(哲学社会科学版),2012年第6期

邹新龙《由词义、语义的属种关系看语词学——浅谈“语词分立”》,《剑南文学·经典阅读》,2012年第9期

舒春晖《语言学中国化的一个成功案例——读温端政〈汉语语汇学〉》,《语文学刊》,2012年第4期

温朔彬《试论〈新华语典〉的原创性》,《辞书研究》,2013年第4期

温端政《论字典、词典、语典三分》,《辞书研究》,2014年第2期

周荐《语词分合问题引发的若干思考》,《世界汉语教学》,2014年第4期

程荣《语汇学的研究对象与新语的类型特点》,《世界汉语教学》,2015年第4期

温端政《树立正确的语词观》,《辞书研究》,2016年第1期

刘静静《“语词分立”和“语典学”的立异》,《辞书研究》,2016年第1期

黄建华《对修订〈汉法大词典〉的期许》,《辞书研究》,2016年第5期

周荐《术语创制与词汇学学科发展》,《汉语学报》,2017年第2期

(三)工具书

《辞海》(第6版),上海辞书出版社,2010

《现代汉语词典》(第5、6、7版),商务印书馆,2005、2012、2016

《现代汉语规范词典》(第2、3版),外语教学与研究出版社、语文出版社,2010、2014

《新华字典》(第11版),商务印书馆,2012

《新华词典》,商务印书馆,2007

《古今汉语词典》,商务印书馆,2000

全国科学技术名词审定委员会《语言学名词(2011)》,商务印书馆,2011

武占坤、马国凡主编《汉语熟语大辞典》,河北教育出版社,1991
刘叶秋、苑育新、许振生编《成语熟语词典》,商务印书馆,1992
温端政主编《汉语常用语词典》,上海辞书出版社,1996
贾采珠、晁继周主编《汉语语典》,汉语大词典出版社,2003
温端政主编《现代汉语小语典》,人民教育出版社,2008
许匡一、谢逢江主编《现代汉语语典》,崇文书局,2008
温端政主编《新华语典》,商务印书馆,2014

温端政主编《中国俗语大辞典》,上海辞书出版社,1989;新一版,2011
温端政主编《古今俗语集成》(六卷本),山西人民出版社,1989
徐宗才、应俊玲编著《俗语词典》,商务印书馆,1996
何承伟总策划《语海》,上海文艺出版社,2000

王涛等编写《中国成语大辞典》,上海辞书出版社,1987;新一版,2007
李行健主编《现代汉语成语规范词典》,长春出版社,2000;修订本,2003
温端政、沈慧云主编《通用成语词典》,语文出版社,2002
许振生主编《新华成语词典》,商务印书馆,2002;第2版,2015
冷玉龙、杨超、韦一心主编《成语辞海》,上海辞书出版社,2014

温端政、王树山、沈慧云主编《谚海》,语文出版社,1999
李行健主编《现代汉语谚语规范词典》,长春出版社,2001
温端政、沈慧云主编《通用谚语词典》,语文出版社,2004
温端政主编《中国谚语大全》,上海辞书出版社,2004

温端政主编《新华谚语词典》,商务印书馆,2005
温端政主编《分类谚语词典》,上海辞书出版社,2005
周静琪等主编《汉语谚语词典》,商务印书馆国际有限公司,2006
温端政主编《中国谚语大辞典》,上海辞书出版社,2011

李行健主编《现代汉语惯用语规范词典》,长春出版社,2001
温端政、沈慧云主编《通用惯用语词典》,语文出版社,2002
温端政主编《中国惯用语大全》,上海辞书出版社,2004
温端政主编《新华惯用语词典》,商务印书馆,2006
温端政、吴建生主编《中国惯用语大辞典》,上海辞书出版社,2011

李行健主编《现代汉语歇后语规范词典》,长春出版社,2001
温端政主编《中国歇后语大词典》,上海辞书出版社,2002;2011年新一版;第三版,2015
温端政、沈慧云主编《通用歇后语词典》,语文出版社,2002
温端政主编《中国歇后语大全》,上海辞书出版社,2004
温端政主编《新华歇后语词典》,商务印书馆,2007

后　记

写完这本小册子之后，心里久久不能平静，回想几十年来，特别是2000年以后十几年来走过的学术道路，不禁感慨万千。

2000年，北京大学举行王力先生诞辰100周年纪念会。作为王先生的学生，我本应参加这次会议。可因故未能参加，感到内疚。于是和沈慧云研究员商议，合写一篇纪念文章，题目就叫《“龙虫并雕”和“语”的研究》。“龙虫并雕”原是王先生斋名，此处意含我们既进行山西方言调查研究又进行汉语语汇研究。

2002年5月，我应河北师范大学苏宝荣先生的邀请，参加了在石家庄举行的“第四届全国汉语词汇学学术研讨会”，在会上宣读了《论语词分立》一文，提出了“语词分立”的主张。适逢商务印书馆周洪波先生也参加会议，我们交谈甚欢。他约我主编《新华谚语词典》《新华惯用语词典》《新华歇后语词典》，并在此基础上主编《新华语典》。我提出撰写《汉语语汇学》一书的设想，他欣然表示支持。

2005年1月，《汉语语汇学》由商务印书馆出版后，想到把它教材化，以便能进入高校课堂，于是又主编了《汉语语汇学教程》，于2006年9月由商务印书馆出版。此后，又和女儿朔彬合作，撰写了《汉语语汇研究史》《语典编纂的理论与实践》，先后于2009年10月和2014年1月由商务印书馆出版。

2007年5月，“海峡两岸《康熙字典》学术研讨会”在山西省晋城市阳城县皇城村举行。我在会上宣读了《语典的兴起及其对文化传承的贡献》一文，文中提出把“语典”从“词典”里分立出来，即语文辞书“字典、词典、语典三分”的主张，后来又就此撰写了专文，发表在《辞书研究》2014年第2期上。

所有这一切，我觉得都很平常。没有想到，居然引起很大的反响。赞成和支持的学者固然不少，质疑和反对的也有，在语言学界形成多年来少见的热烈讨论场面。在我平静的生活也掀起了轩然大波。使我感觉到不能不举笔就讨论的热点问题表示看法，以回应大家的关切。

回想这十几年来走过的学术道路，我感到十分充实，也感到十分自豪，心中满怀感激之情。

首先要感激北京大学李红印教授。2004年，他在“汉语词汇学首届国际学术讨论会暨第五届全国研讨会”上宣读的题为《〈汉语水平词汇与汉字等级大纲〉收“语”分析》的论文（后发表在《语言文字应用》2005年4期）中，对“语词分立”主张给予很高的评价，认为“其提出本身就具有重要的理论意义和很广的应用前景”，同时中肯地指出论证中存在的问题。

还要感激青岛大学李行杰教授，他在《构建中国语言学特有的语汇学——读温端政〈汉语语汇学〉》（《语文研究》2006年1期）一文中，评价汉语语汇学的建立是“语言学中国化的一个成功案例”；感激商务印书馆乔永编审和宁波大学沈怀兴教授，他们分别撰写的《汉语言研究领域的新拓展——温端政〈汉语语汇学〉读后》（《文汇读书周报》2006年1月27日）和《读温端政《汉语语汇学》(香港《语文建设通讯》第83期,2006年4月),对《汉语语汇学》给予较高的评价。

2007年7月28—29日,由山西省社会科学院和商务印书馆联合主办的首届全国汉语语汇学学术研讨会在山西太原市召开。来自北京、上海、天津、河北、河南、广东、山东、江苏、浙江、山西等省市的高校、科研院所、出版单位的近百名专家学者出席了会议,交流了84篇论文。其中印象最为深刻的是,中国社会科学院语言研究所张振兴研究员的《语汇学之成立》、厦门大学李如龙教授的《语汇学三论》和李行杰教授的《语词分立势在必行》。

《语汇学之成立》一文用翔实的资料证明:"语汇学之成立,意味着我们在语言学的范围内有了一个新的、独立的学科……意味着这个学科的研究内容将有很大的发展,可以大大促进对语汇的研究。它的未来是不可小看的。"

《语汇学三论》一文通过论证"语"和"词"在语音、语法、语义、语源等四个方面的异同,支持了"语词分立"的主张,支持了汉语语汇学的建立。同时提出把格言和名言合称"典雅语",归入语汇,以扩大语汇学的研究领域,提高语汇学的文化含量。

《语词分立势在必行》一文,认为"语词分立是不争的事实",对汉语语汇学的研究提出许多重要的建议。

需要感谢的是,许多著名的词汇学者、词典学者和词典编纂者,如苏宝荣、张志毅、韩敬体、晁继周、李志江、程荣等先生,都参加了会议,并提供了质量很高的论文,这是对语汇学的极其有力的支持。韩敬体先生《词语的混同、分立与辞书编纂问题》一文中指出："语言单位中词和语模糊不清给辞书编纂工作带来不少的问题"，因此，"主张语词分立、语汇和词汇分立，有其积极意义"；还认为："辞书中字典、词典、语典鼎足分立，是有意义的，有学术价值的，对提高辞书编纂的科学性是好事。"还建议，在"词汇和语汇的系统上"，把术语整合为："词素－词－词组，语素－语－语组"。晁继周先生多次参加语汇学学术研讨会，发表有分量的论文。尽管有的论文，如在第六届全国语汇学学术研讨会宣读的《谈词典"收语"问题》，在观点上我不尽同意，我们还是表示欢迎和感谢。程荣女士参加了"第四届全国语汇学学术研讨会"，并宣读了《语汇学的研究对象与新语的类型特点》一文（后发表在《世界汉语教学》2015年4期）。文章首先肯定："汉语语汇学从词汇学中分立，有利于汉语词语研究的深入和推进"，还提到"全国科学技术名词审定委员会公布的《语言学名词》中已把'语汇学'和'词汇学'分立为两个条目"；该文认为"语汇学的研究对象不宜界定过窄"，提出扩大研究对象的建议，虽然有些建议值得商榷（这在本书里已经有所涉及），但对语汇学的发展有其重要意义。

最令人感动的是，中国语言学会会长侯精一先生代表中国语言学会给会议发来贺词。贺词肯定汉语语汇学是汉语语言学的"一门新的分支学科"，"一门有着美好发展前景的分支学科"。中国社会科学院副院长、学部委员、中国辞书学会会长江蓝生，以及曹先擢、唐作藩、陆俭明、鲁国尧等著名学者也发来贺词或贺信。他们对语汇学的支持，我们将永远铭记在心中。

在回顾近十几年来走过的学术道路时，我更念念不忘的，是商务印书馆、上海辞书出版社、人民教育出版社等著名出版单位对我们的支持和帮助。

商务印书馆出版了我们的许多语汇学著作，从首届汉语语汇学学术研讨会开始，就是主办单位之一。周洪波总编辑出席了“第三届全国汉语语汇学学术研讨会”，并在开幕式上讲话；汉语编辑中心余桂林主任出席了“第六届全国汉语语汇学学术研讨会”，并在开幕式上讲话；汉语编辑中心包诗林副主任出席了“第四届全国汉语语汇学学术研讨会暨《新华语典》学术研讨会”，并在开幕式上讲话；资深编辑马志伟、乔永，以及陈玉庆女士多次代表商务印书馆出席研讨会，并宣读论文支持语汇学，对语汇学的发展和繁荣，起了极其重要的作用。尤其令人感动的是，每届会后都出版论文集，已经出版了《汉语语汇学研究》一、二、三、四，极大地推动了汉语语汇学的建立和发展。应当说，没有他们的支持和帮助，就没有汉语语汇学的今天。

上海辞书出版社也是近几届汉语语汇学研讨会主办单位之一。陈崎、王慧敏副总编，杨蓉蓉、徐祖友、郎晶晶、汪惠民等，多次出席语汇学学术研讨会，发表论文。王慧敏副总编主持“语汇研究与语典编纂丛书”，已经出版了《俗语辞书编纂史》；杨蓉蓉女士撰写了多篇有分量的论文，有力地支持了“语词分立”说和“字典、词典、语典三分”说，推动了汉语语汇学的完善和发展。特别令人感激的是：他们主办的《辞书研究》，多次刊载我们的论文，每次语汇学研讨会后都做了详细报道，还曾经开辟专栏，集中刊载语汇学方面的论文，对推动汉语语汇学的发展起到了难以估量的作用。

人民教育出版社也是近几届汉语语汇学研讨会主办单位之一。辞书编辑室主任谢仁友编审和原主任刘玲编审多次出席研讨会，并发表论文，给予语汇学以有力的支持。刘玲女士还是拙作《汉语语汇学》责编，她对汉语语汇学建立和发展的贡献令人终生难忘。

出版社的支持和帮助是极其难能可贵的，是汉语语汇学得以发展和繁荣的根本保证。在这里，我再次向他们表示衷心的感谢！

在回顾近十几年来走过的学术道路时，我念念不忘的，还有温州大学马贝加教授、浙江外国语学院徐颂列教授、内蒙古大学李树新教授和天水师范学院马建东教授，他们分别负责承办第二、三、四、六届全国语汇学学术研讨会，为语汇学的发展做出了重要的贡献。

尤其念念不忘的是我所在的单位山西省社会科学院语言研究所的同事，以及辛菊、史素芬、张光明等本省学者。

相继接替我担任山西省社会科学院语言研究所所长的沈慧云、吴建生研究员，以及范瑞婷、巫建英等副研究员，是朝夕相处、同心协作的同事。或联合主编，或参与编写，共同完成了多部重要的语类辞书。现在她们也先后退休了。又有安志伟、马启红、李淑珍、王海静、温朔彬、刘嵚等新的接班人。长期以来，他们默默无闻地同我合作编纂各种类型的语典，并结合语典编纂撰写了大量论文，撰写出版专著，极大地推动了语汇学的建立和发展。这表明，语汇学后继有人。

山西师大辛菊教授、长治学院史素芬教授、忻州师院张光明教授等，除了合作编写语典外，令人印象深刻的是，辛菊教授撰写的《“语词分立”对传统语法教学研究的冲击》(《汉语语汇学研究》,商务印书馆,2009,260—269页)一文,第一次将“语词分立”说应用于语法教学研究;史素芬教授负责承办了“第五届汉语语汇学学术研讨会暨《新华语典》学术研讨会”,并参与主持编写《歇后语辞海》;张光明教授连续多年在忻州师院讲授语汇学,并撰文介绍他的成功教学经验,有助于语汇学进入高校课堂。

山西省社会科学院历届领导对语汇学的支持,是语汇学得以建立和发展的重要保证。李中元院长、宋建平副院长,以及原副院长、现任山西省委宣传部副部长的杨茂林,原副院长、现任中共中央党史研究室第一研究部副主任的孙丽萍,他们多次出席汉语语汇学学术研讨会,并在开幕式讲话,给予与会学者极大的鼓舞。

当然,一个新兴的学科要想生存和发展,除了需要各方面的支持和帮助外,也需要有不同意见,包括质疑和反对意见。因此,我们对提出不同意见的学者,始终抱着欢迎的态度,怀着感激的心情。

首先想到的是周荐先生。

周荐先生比我年轻,我们可谓忘年之交。合作撰写的《二十世纪的汉语俗语研究》(书海出版社,2000)是这种交情和友谊的象征。至今仍然难忘的是,他亲自参加了首届全国汉语语汇学学术研讨会,并亲手把他任主任的全国语言文字标准化技术委员会汉语语汇分技术委员会和南开大学词汇学与词典学研究中心的贺信交给我。贺信称:

> 以温端政先生为代表的学术团队数十年如一日对古今语汇、普方语汇及其各个次类进行了全方位深入细致

的搜集、整理、分类、研究工作，取得了一个又一个举世瞩目的成果。尤其是近年来，他们的研究已从以往对语汇语料的关注上升到对语汇理论关注的层面，不但出版了体系性很强的理论著作，而且出版了可纳入高校课程体系的教材，为语汇研究走出低谷、迈上一个新的台阶做出了突出而重要的贡献。今天，由山西省社会科学院和商务印书馆联合主办的全国规模的首届语汇学学术研讨会在这里隆重举行，全国各高校、科研院所近百位专家学者带着精心撰写的高水准的学术论文与会，更说明语汇学研究的价值所在——第一，它说明这个研究领域是值得我们花大气力投入的；第二，它也说明语汇学的研究成果极大地鼓舞和带动了全国有志于此一领域研究的学者。全国语标委汉语语汇分标委和南开大学词汇学与词典学研究中心对此次研讨会的成功举办表示热烈的祝贺。

这封热情洋溢的贺信，表明周荐先生当时是真心诚意支持语汇学的。

至今难忘的还有，他当时曾经对语汇学的发展提出许多有益的建议。比如，语汇学学术研讨会是采纳了他的建议，才决定每两年开一次的。

当然，一个人的学术观点是可以改变的。只是这种变化往往始料不及。他发表的《中国词汇学发展需明晰定位》（《中国社会科学报》2010 年 5 月 18 日）一文，我原先并没有注意到，更没有注意到文章里有质疑语汇学的内容。直至看到他在第四届全国汉语语汇学学术研讨会上宣读的《语词分合问题引发的若干思考》（后经修改发表在《世界汉语教学》2014 年 4 期）一文，才引起我的重视。

该文开头对我的学术活动进行了评价，称：

> 凭借一己之力九死不悔地对熟语进行搜集研究，率领一个团队数十年间矢志不渝地从事熟语研究的学者，温端政先生堪称古今第一人。1980年代以来，温先生及其团队在几家著名出版社出版了数十部熟语类的工具书，进行穷尽式的语料搜求；在一些学术名刊发表了不少学术论文，在出版社出版了专著、教材和论文集，进行悉心的学术探讨。温先生所做的工作，功在千秋，嘉惠学林。

这个评价似乎过高，感到受之有愧。

该文的末尾写道：

> 温先生提出“词语分立”，将“语汇”从“词汇”中剥离出来，让“语汇学”独立为一个学科等主张，表现出他炽热的学术热情和积极的探索精神，很值得提倡和学习。有学者对温先生的学术成就给予高度评价的同时，善意地指出的一些问题，也值得温先生在未来的进一步研究中予以考虑，如李如龙(2009)在谈到词、语的区别时，除重申语音、语法、语义研究的重要性外，还特别提请研究者注意语源研究的重要价值。我想，认真考虑并适当吸纳一些先生的不同意见，对温先生完善他的学术思想和理念会是十分有益的。

这些话，语重心长，感人至深，从中得到深刻的教育和启发。

不过重要的是文章的核心部分。它针对“语词分立”说，提出几个质疑性的问题：

1.“语”“词”当分当合？分合各自的理由为何？

2.“语”“词”是对立大于联系，还是联系大于对立？

3.“语”是否不属词汇单位？“语”可不可收入词典？

4.“语”“词”划分的标准是什么？

5.在“语汇”“词汇”上建立一个“词语学”，从学科体系上看是否可行？

这些问题，总的来看，是经过深思熟虑的，是善意的、正常的学术探讨，于是我撰写了《树立正确的语词观》(《辞书研究》2016年1期)一文进行商榷。为了进一步分清是非，本书也多有涉及。我相信这种不同意见的讨论，有助于语汇学的完善和发展。

除了周荐先生外，还想到刘静静女士。

我对刘静静女士素不相识，只知道她是周荐先生的博士生。2013年8月，她和周荐先生一同参加“第四届全国汉语语汇学学术研讨会”，似乎见了一面，但没有交谈。她撰写的《也谈“语词分立”》(《辞书研究》2011年6期)，是我所见的明确反对“语词分立”说的第一篇文章。

看到有人反对自己的观点，心里当然高兴。不过看了文章的内容后感到有些失望。因为此文的漏洞实在太多，且很明显。因此，没有写文章进行商榷，只是在《论字典、词典、语典三分》一文中捎带予以评论。后来在《辞书研究》2016年1期上看到她的《“语词分立”和“语典学”的立异》一文，读后同样感到失望。尤其可笑的是，文章竟说我提出“语词分立”的理由是“认为‘熟语’的指称不合适”，“认为‘语’的研究重要且有益，而现状薄弱需加强”等。连别人的学术观点都没有弄清楚，就妄加评论，实在难以称得上是真正的学术讨论。不过文章既已公开发表，总会产生一定的影响，有些带有原则性的是非问题，还是必须予以澄清，因此，本书也多有涉及。

一个新的主张，一个新兴的学科，有人反对总比没人反对好。从这个意义上说，我也要感谢她。

光阴荏苒，逝者如斯。不知不觉，我已是87岁高龄，好在脑子还清楚，看到围绕着“语词分立”、语汇学以及语词学、语典学的建立等方面的问题，有这么多不同的意见，便难以抑制兴奋的心情，感到有必要发表自己的一些看法。尽管这些看法，未必都正确，还可能引起新的不同意见的讨论，然而，这正是一个学科，特别是新兴学科的发展所必需的。我在第六届全国汉语语汇学学术研讨会上宣读的《在不同意见的讨论中发展语汇学》一文的末尾写道：“为了语汇学的发展和繁荣，我们呼唤不同意见的讨论，更呼唤严肃、认真，体现实事求是精神的学术讨论。”这句话也反映了我现在的心情。

最后，还要感激本书责编陈玉庆女士，她认真审阅书稿，提出宝贵意见，提高了书稿质量，使本书得以顺利出版。

本书初稿曾请吴建生、范瑞婷、安志伟等同志看过，承蒙他们提出许多宝贵意见，特此致谢！

作者　2017年10月12日

2018年1月3日修改